리자베스
블랙웰
드림주니어

KADOKAWA MANGA GAKUSHU SERIES MANGA JIMBUTSUDEN
ELIZABETH BLACKWELL SEKAI DE HAJIMETE NO JOSEIISHI

First published in Japan in 2022 by KADOKAWA CORPORATION, Tokyo.
Korean translation rights arranged with KADOKAWA CORPORATION, Tokyo through Eric Yang Agency Inc, Seoul.

일러두기

이 책은 어린이에게 인물의 삶을 들려줌으로써, 사유하는 힘과 논리력을 길러주기 위한 목적으로 기획되었습니다. 다만, 원서 특성상 해당 인물을 바라보는 일본인의 시각이 다소 반영되어 있음을 밝힙니다. 인물을 바라보는 시각은 나라별로 다를 수 있습니다. 드루주니어 편집부는 이를 인지하고 있으며, 인물에 대한 평가와 역사적 맥락이 유관하다는 관점에 공감합니다. 편집 과정에서 우리나라 정서와 맞지 않거나 어린이에게 부적절하다고 판단되는 부분은 최대한 완곡하게 교정했습니다. 그러나 일부 페이지는 인물에 대한 평가를 다양한 층위에서 논의하고, 어린이 스스로 생각하는 힘을 기를 수 있도록 원서의 내용을 살려 편집했습니다. 따라서 이 책에 서술된 내용은 우리나라에서 연구된 인물의 역사적 사건 및 생애와 비교했을 때 약간의 차이가 존재할 수 있습니다. 교육 자료로 활용하시거나 아동이 혼자 읽는 경우, 이와 같은 부분에 지도가 필요할 수 있음을 당부드립니다.

이 책의 주요 등장인물

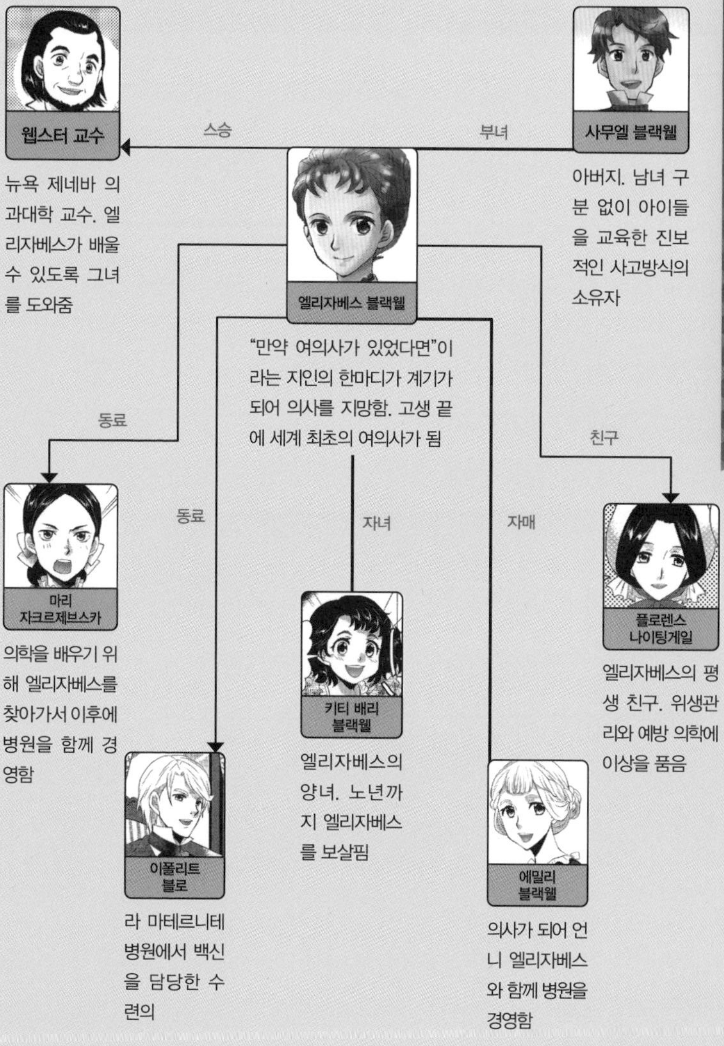

웹스터 교수
뉴욕 제네바 의과대학 교수. 엘리자베스가 배울 수 있도록 그녀를 도와줌
스승
부녀
사무엘 블랙웰
아버지. 남녀 구분 없이 아이들을 교육한 진보적인 사고방식의 소유자
엘리자베스 블랙웰
"만약 여의사가 있었다면"이라는 지인의 한마디가 계기가 되어 의사를 지망함. 고생 끝에 세계 최초의 여의사가 됨
동료
친구
동료
자녀
자매
마리 자크르제브스카
의학을 배우기 위해 엘리자베스를 찾아가서 이후에 병원을 함께 경영함
키티 배리 블랙웰
엘리자베스의 양녀. 노년까지 엘리자베스를 보살핌
플로렌스 나이팅게일
엘리자베스의 평생 친구. 위생관리와 예방 의학에 이상을 품음
이폴리트 블로
라 마테르니테 병원에서 백신을 담당한 수련의
에밀리 블랙웰
의사가 되어 언니 엘리자베스와 함께 병원을 경영함

독자 여러분께

- 이 책의 내용은 역사적 사실에 근거해 구성했습니다. 다만 배경이나 복장, 대사와 관련해 정확한 기록이 남아 있지 않은 부분은 만화로서 즐겁게 읽을 수 있도록 일부 각색했습니다.

- 연도는 서기로 표기했습니다. 연대나 인물의 생몰년이 정확하지 않은 경우, 가장 보편적으로 알려진 시기를 채택했습니다. 연표를 비롯한 도서 전반에 표기된 인물의 나이는 전부 만 나이로 기재했습니다.

- 인물전 특성상 출간 직전에 새롭게 발견된 행적이 누락되거나, 시기별 인물에 대한 관점과 다를 수 있습니다. 이 점에 주의 부탁드립니다.

하루 한 권 학습만화 9

세계인물전

엘리자베스 블랙웰

편견에 맞서 새로운 길을 개척한, 세계 최초의 여의사

목차

【감수】
오타니 도모코(OHTANI Tomoko)
일본여자의사회 회장

【표지 그림】
시이나 유(SHIINA You)

【본문 그림】
유메야시키 미타(UMEYASHIKI Mita)

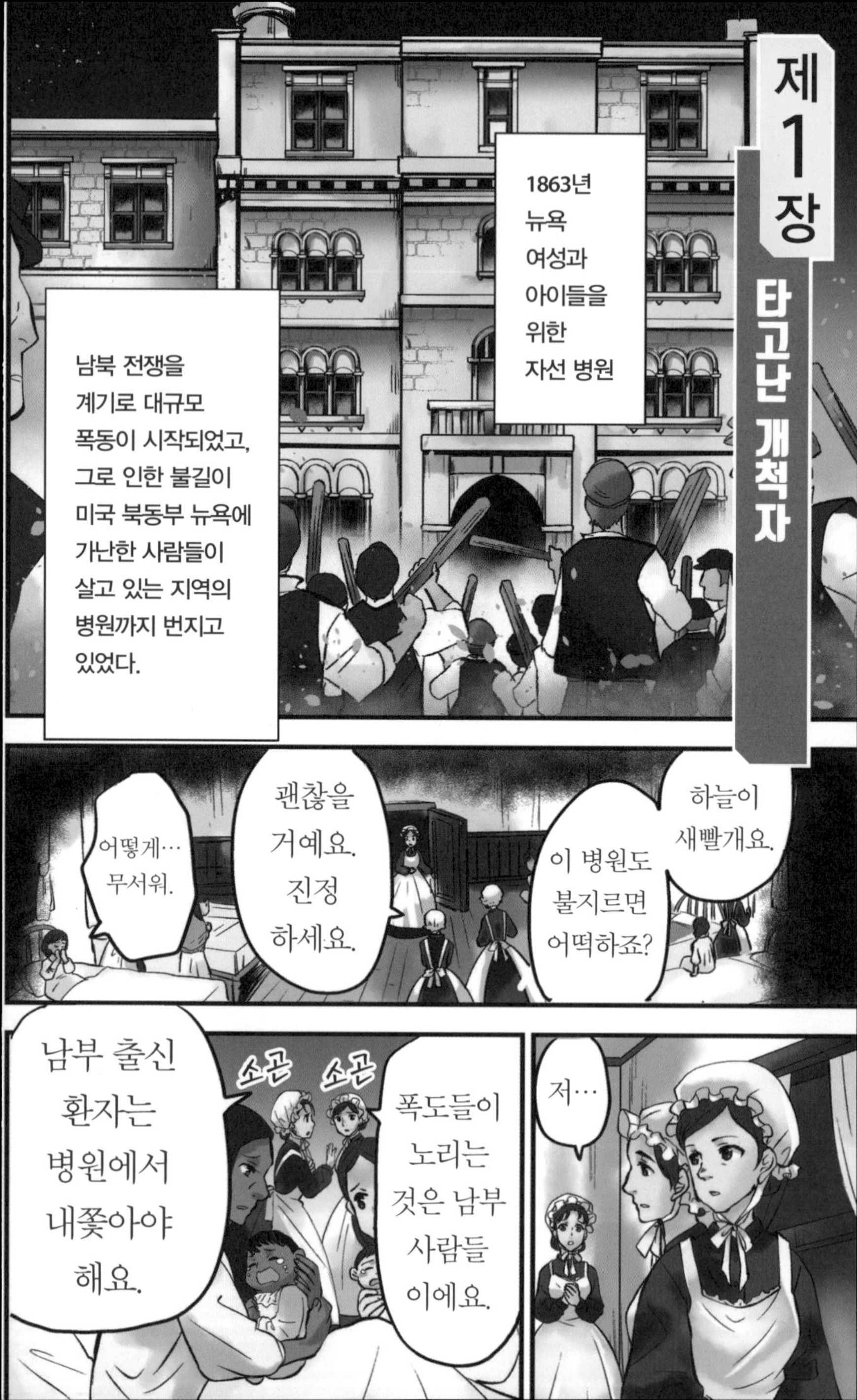
제1장
타고난 개척자
1863년 뉴욕 여성과 아이들을 위한 자선 병원
남북 전쟁을 계기로 대규모 폭동이 시작되었고, 그로 인한 불길이 미국 북동부 뉴욕에 가난한 사람들이 살고 있는 지역의 병원까지 번지고 있었다.
하늘이 새빨개요.
이 병원도 불지르면 어떡하죠?
괜찮을 거예요. 진정하세요.
어떻게… 무서워.
저…
폭도들이 노리는 것은 남부 사람들이에요.
소곤 소곤
남부 출신 환자는 병원에서 내쫓아야 해요.

아니요.
또각
환자의 출신이 어딘지는
엘리자베스 블랙웰
(1821~1910)
상관 없습니다.

하지만 블랙웰 선생님.
이대로면 저희 마저…
우리가 해야 할 일은 단 하나.
환자를 구하는 것!
이죠?
부상이나 질병에 시달리는 모든 사람이
우리가 돌봐야 할 환자 입니다.

엘리자베스 블랙웰. 사회적 지위가 낮았던 여성이
의사가 되리라고는 상상도 못했던 시대에
불굴의 신념으로 그 길을 걸어간 인물.
이것은 차별과 편견, 낡은 사고방식과 맞서 싸운 기록이며
동시에 가족의 유대감을 그린 이야기다.

1831년 영국 남서부의 항구 도시, 브리스틀
엘리자베스 아가씨~
엘리자베스 어디 있니?
베시※~
※ 엘리자베스의 애칭
안나 여기야.
베시?
얘가 또 이상한 짓을 하고 있는 건 아닌지 걱정이네.
지하실에는 안 계시네요.
여기에 올라오면 멀리까지 보이거든.
엘리자베스
10살
그런 데서 뭐 하는 거야?
아앗!
여기라니…?
어?

저 끝에
커다란 숲이 있다니.
처음 알았어.
거기는 다락방이야. 위험하니까 내려와~!
저 숲 너머에는 뭐가 있을까.
좀 더 멀리까지 볼 수 있으면 좋을 텐데.
엘리자베스는 9명※의 형제 중 셋째로 태어났고
부모님과 네 명의 고모들도 함께 사는 대가족 안에서 자랐다.
※ 현시점에서는 8명으로 이후에 한 명이 태어남. 이미 사망한 오빠와 동생(두 명 모두 이름이 사무엘)을 포함하면 11명이 됨.

제당업을 경영하는 아버지와 함께, 부유한 가정에서 살고 있었다.
엘리자베스의 가족은 열성적인 퀘이커※ 신자였고

※ 개신교의 한 교파이며, 인간의 양심을 믿고 개인을 존중함. 정치 활동에 힘썼음

엘리자베스의 아버지는 남다른 가치관을 가진 사람이었고
남녀 상관없이 아이들을 자유롭게 키운다.
사무엘 아버지
그 결과 아이들은 모두 개성 있게 자랐다. 그중에서도 엘리자베스는…
나는 용감한 아이가 될 거야!
한나 어머니
끼익
용감해지려면 튼튼한 몸과
참을성이 필요해…!

다들 푹 자고 있네…
…어머?
1, 2, 3…
한 명이 모자라…
안 좋은 예감이…
덜덜덜
아니!
엘리자베스!!
엘리자베스 이런 한겨울에 뭐 하는 거야!
덥석
용감한 아이가 되기 위한 훈련이야.
…근데 이 방법은 별로인 것 같아.
내일은 하루 종일 금식해 보려고.
정말… 적당히 좀 해~!

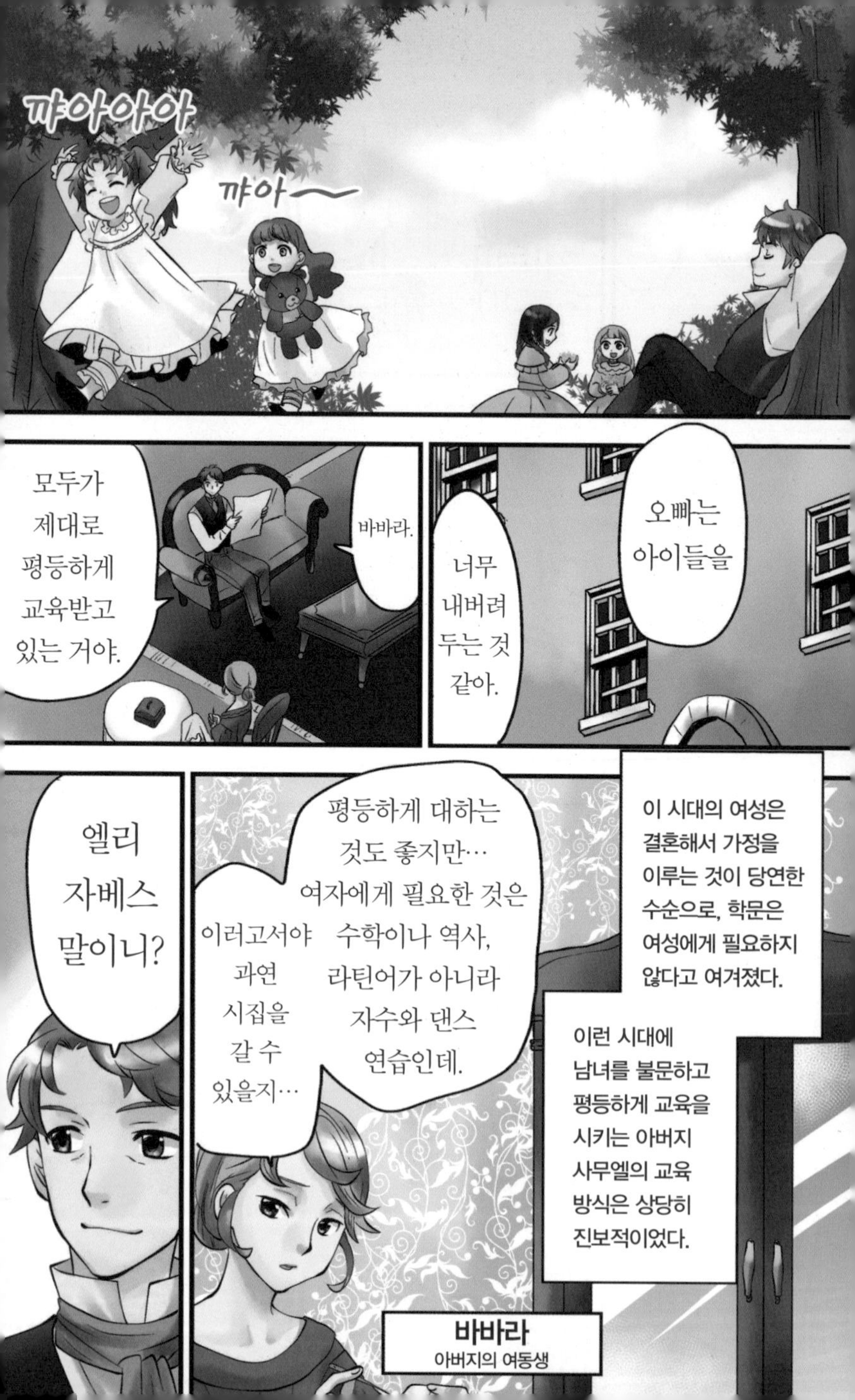
꺄아아아
꺄아~
모두가 제대로 평등하게 교육받고 있는 거야.
바바라.
오빠는 아이들을
너무 내버려 두는 것 같아.
이 시대의 여성은 결혼해서 가정을 이루는 것이 당연한 수순으로, 학문은 여성에게 필요하지 않다고 여겨졌다.
평등하게 대하는 것도 좋지만… 여자에게 필요한 것은 수학이나 역사, 라틴어가 아니라 자수와 댄스 연습인데.
이러고서야 과연 시집을 갈 수 있을지…
엘리자베스 말이니?
이런 시대에 남녀를 불문하고 평등하게 교육을 시키는 아버지 사무엘의 교육 방식은 상당히 진보적이었다.
바바라
아버지의 여동생

베시가 남자였다면 좋았을 텐데…
머지않아 시대는 바뀔 거야.
전혀 안 보여!
더 멀리 보고 싶은데.
역시 장난감 망원경으로는 안 되나 봐.
그럼 지붕에 올라가면 보이지 않을까?!
아빠가 허락해 줄 리 없어.
처음부터 포기하면 안 돼! 그렇지 에밀리?
그러니까 아빠한테 다 같이 부탁해 보자!
꼬옥

아직도 토라져 있는 거니?
아빠가 지붕에 올라가지 못하게 해서 그런 거야?
지붕에는 굴뚝이 있어.
만약 아빠가 지붕에 올라가도 된다고 하면, 베시는 굴뚝에도 올라가겠지?
아빠는 그런 위험한 일을 어느 누구에게도 허락 할 수 없단다.
숲 너머를 보고 싶었는데…
아무도 본 적 없는 경치를 보고 싶단 말이야.
나는 아무도 해 본 적이 없는 일을 하고 싶어.
…
그래서 올라가고 싶었던 거야.

베시.
멋진 생각이야.
아무도 해 본 적이 없는 일을 한다는 것.
그건 매우 어려운 일이지.
하지만 강한 신념이 있다면…
신념?
그래, 베시라면 할 수 있어.
아빠는 그렇게 생각해.

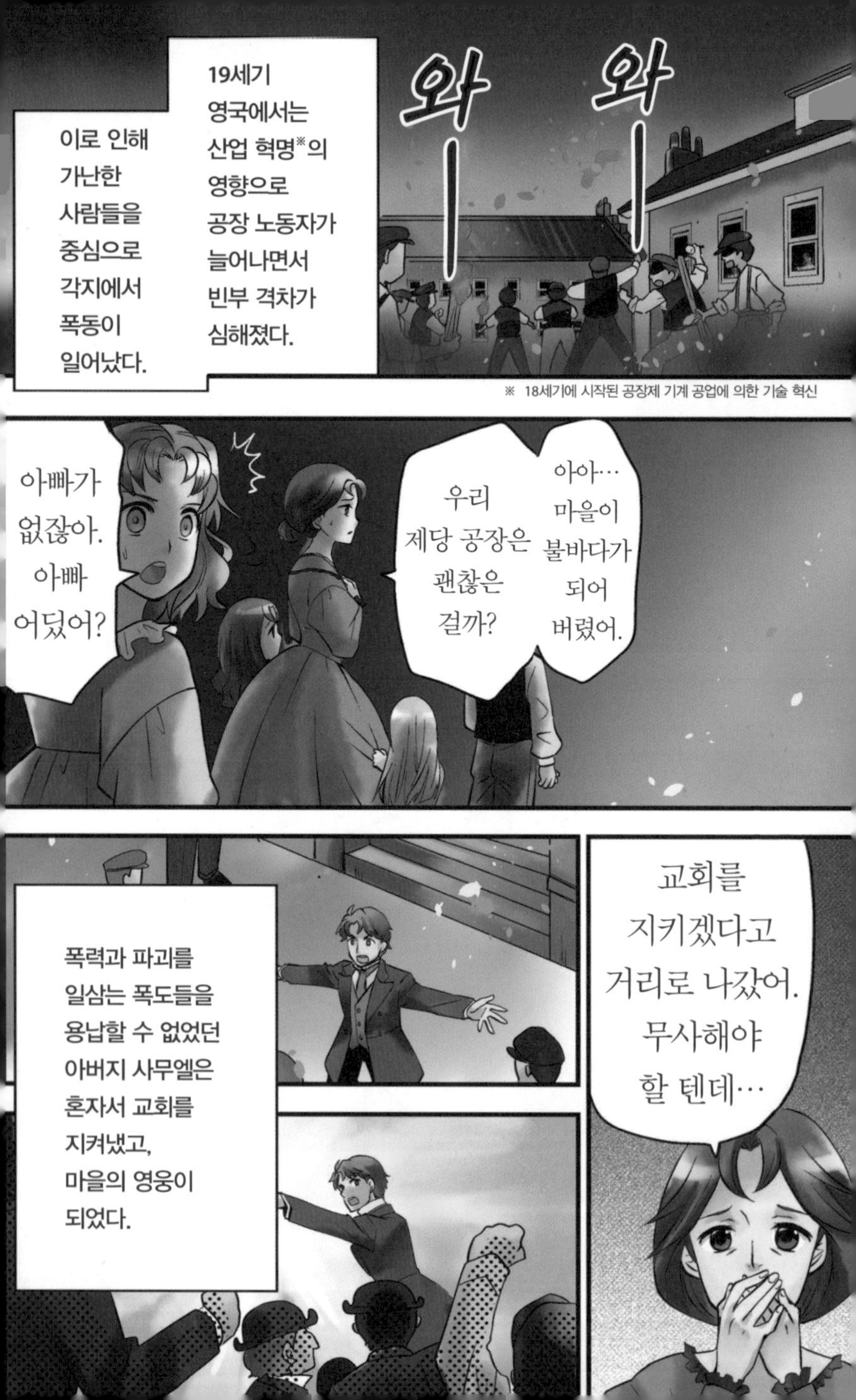
19세기 영국에서는 산업 혁명※의 영향으로 공장 노동자가 늘어나면서 빈부 격차가 심해졌다.
이로 인해 가난한 사람들을 중심으로 각지에서 폭동이 일어났다.
와ㅡ 와ㅡ
※ 18세기에 시작된 공장제 기계 공업에 의한 기술 혁신
아빠가 없잖아. 아빠 어딨어?
우리 제당 공장은 괜찮은 걸까?
아아… 마을이 불바다가 되어 버렸어.
폭력과 파괴를 일삼는 폭도들을 용납할 수 없었던 아버지 사무엘은 혼자서 교회를 지켜냈고, 마을의 영웅이 되었다.
교회를 지키겠다고 거리로 나갔어. 무사해야 할 텐데…

그러나 이 일로 사무엘은 모국인 영국에 크게 실망하게 된다.
이번에는 어떻게 수습되었지만
다들 자기 생각밖에 하고 있지 않아…
이 나라에는 미래가 없어.
공장마저 불에 타 버리다니, 앞으로 어떻게 해야…
음… 이번 일로 결단을 내렸어.
다 같이 새로운 곳으로 가는 거야.
바다를 건너 자유의 나라 미국으로!
뭐어?
부우──
배가 엄청 크다!
얼른 가서 구경 해야지!
철썩 철썩

이 문은 뭐지?
끼익
베시, 이 선실에 가까이 가면 안 돼.
깜짝
콜록
다 몸이 아픈 거야?
왜 이렇게 좁고 어두운 방에 있는 거야?
꽉
티푸스라는 질병이야. 청결하지 않은 배 안에서 걸리기 쉬운 병이라고 들었어.
걸리면 죽을 확률이 높은 무서운 병이야.
배 안에서 이렇게 무서운 병이…
무서운 병에 걸려 속수무책으로 죽어 가는 사람들. 참혹한 현실은 엘리자베스의 마음에 깊은 상처를 남겼다.

1832년
뉴욕
미국은 가능성이 있는 나라다.
아빠는 다시 제당업을 시작할 거야.
덜컹
덜컹
사람이 사람을 사고 파는 행위는 용납할 수 없습니다.
노예제※는 지금 당장 폐지해야 합니다.
아빠, 노예가 뭐야?
누군가의 이득을 위해 소나 말처럼 혹사당하는 사람을 말하는 거야.
이 당시 영국이나 미국에서는 노예제가 존재했고, 그 존폐 문제가 도마 위에 오르고 있었다.
소나 말처럼 …
사무엘은 바로 노예제 폐지 운동에 참여했다.

※ 식민지나 미국에서는 아프리카에서 흑인을 데려와 노예로 부리며 강제 노동을 시켰음

그 이후 엘리자베스의 가족은 뉴저지주로 이사했고
그러자 활동가들이 엘리자베스의 집에 모이게 되면서
엘리자베스는 그들이 펼치는 토론을 매일같이 듣게 되었다.
무력을 쓰지 않고 개혁을 단행할 수 있을 거야!
자네 말은 비현실적이야. 왜냐면…
상대적으로 작은 분이 아주 강해 보이는 분을 말로 설득했어.
말의 힘은 참 대단하구나.
엘리자베스는 14살에 처음으로 학교에 다니게 되었다.

하지만 미국에서의 평온한 날들도 오래가지 못했다.
공장을 접기로 했어…
이 집도 팔아야 하고.
다른 곳으로 가서 처음부터 다시 시작하자…
…
오늘 생리학(과학) 시간에는 소의 안구를 관찰할 거예요.
학교는 이런 곳이구나! 수업은 어떤 걸까?
두리번 두리번
여기.
데굴
응?
꺄아악~!!

엘리자베스의 가족들은 오하이오주의 신시내티로 이주했다.
그러나 공장 경영은 잘되지 않았고, 사무엘은 무리해서 일하다가 결국 쓰러지고 말았다.
이제 작별 인사를…
한나, 아이들을 잘 부탁해.
당신…!
안나, 너의 시는 세상에서 제일 멋지단다.
사무엘※, 공부를 소홀히 하지 말거라.
베시…
위험한 행동만 하는 너를
아빠는 항상 걱정했단다.
꽈악
아빠…

※ 엘리자베스의 동생, 사무엘 찰스 블랙웰(Samuel Charles Blackwell)

하지만 사실은 기뻤어.
너는 아빠를 닮았더구나.
타고난 개척자인 거야.
호기심이 많아 새로운 것에 도전하지 않고서는 못 배기는…
이런 아빠라서 가족에게 폐를 많이 끼쳤네.
아니야…
엘리자베스.
이제 너는 어른이 되었단다.
스윽
네가 원하는 대로 하렴.
아무도 해 본 적이 없는 일을 하고
아무도
본 적 없는 경치를 보는 거야.

내가 할 수 있을까?
그럼, 할 수 있을 거야. 베시는 세상에서 제일 용감하니까.
게다가 너는 혼자가 아니야.
힘들 때는 가족이 힘이 되어 줄 거란다.
다시 볼 수 있을 거야…
그때는 굴뚝 위에서 보는 풍경이 어땠는지 아빠한테 알려주렴…
아빠도 있잖아. 아빠 죽으면 안 돼.
아빠…!
당신!!!

앞으로 우리 가족이 어떻게 하면 먹고 살 수 있을지 생각해 봐야 해.
응.
우리가 어떻게든 해야지.
그러나 이 당시 미국도 여성이 일할 수 있는 곳은 한정적이어서
교사가 되거나 스스로 작은 가게를 차리는 정도밖에는 선택지가 없었다.
동생들은 학교에 가야 하고
가정 교사로는 수입이 모자라.
이모가 하시는 모자 가게를 도와주는 건 어떨까?
나처럼 공부하고 싶은 여자아이를 위한 학교를 열어보는 건… 어때?
학교?!
툭

이제 부터는
웅성 웅성
여자아이 에게도 교육이 필요 합니다!
전단지 받아 가세요.
꼭 읽어 주세요!
네~
웅성 웅성
이것 좀 봐봐. 전단지를 나눠줬더니 12명이나 지원했어.
벌떡
베시 대단하네.
이걸로 당분간은 먹고 살 수 있겠다.
끼익
저…
나 학교 그만 뒀어.
사무엘 동생
15살
학교를 그만 뒀다고?!
응, 내일부터 법원에서 서기를 하게 됐거든.
이미 확정된 일이야.
서기라니?
아직 어린 사무엘이…?

스토의 저택
그 무렵 엘리자베스는 지인인 스토의 저택에 자주 찾아갔다.
베시, 학교는 잘 되고 있다면서?
다행이야.
해리엇 비처 스토
스토는 노예제 폐지 운동에 힘쓴 인물로, 훗날 흑인 노예를 주인공으로 한 소설 『톰 아저씨의 오두막』을 집필한다.
안 그래도 아버님이 갑자기 돌아가셔서 걱정하고 있었거든.
감사합니다. 스토 씨.
하지만 저는 교사와는 맞지 않는 것 같아요.
'이게 내 일이 맞을까?' 라는 생각이 들어서…
쓰담쓰담

남자들은 할 수 있는 일이 얼마든지 있어요.
어린 사무엘조차도 서기가 될 수 있으니까 말이죠.
하지만 저는 될 수 없어요. 여자니까.
여자들이 자기보다 뒤떨어진다고 생각하는 남자들이 많아.
아니 많다기보다… 대부분이 그렇게 생각하고 있지. 여자가 뭘 할 수 있냐고.
말도 안 돼!!
우씨
그래서 나는 소설을 쓰는 거야.
시시한 편견에 저항하기 위해서.
너도 써 볼래?
아니 저는…
…

…아버지는 제가 교육을 받을 수 있게 해주셨어요.
그 덕분에 세상이 넓어졌죠.
스윽
그랬는데 그걸 살릴 기회를 얻을 수가 없네요…
여자로 태어났다는 것만으로 왜 이렇게 답답하게 살아야 하는 걸까요.
척
내가 원하는 뭔가를 하고 싶어…
남자 여자 상관없이 진심으로 몰두할 수 있는 무언가를!

엘리자베스, 일부러 병문안까지 와줘서 고마워.
어머니의 친구 집
진작에 의사에게 진찰을 받았어야 했는데…
남자에게 보여주는 게 너무 부끄러워서. 그랬더니 때를 놓치고 만 거야…
여자 의사가 있었으면…
흐음…
여자 의사…?
너처럼 똑똑한 사람이 의사가 되어주면 좋을 텐데.
제가요? 안 될 것 같아요. 소의 눈알을 보자마자 실신할 뻔했는데…

하긴 여자가 의사를 하는 건 본 적이 없는 일이라…
하지만 나만 그렇게 생각하는 건 아니야
나처럼 주저하다가 목숨을 잃게 되는 여자들이 많거든.
…

?!
쿵
쿵
쿵
내가 의사가 된다고?!
상상조차 해 본 적 없는데.
그런데 왜 이럴까?
자꾸만 생각나.

여자가
살기 힘든
세상에서
진심으로
몰두할 수
있는 일,
지금까지
아무도 하지
못했던 일.
최초의
여의사가
된다.
의사가
된다고?!
열
있는 거
아닌가
…
제정신이거든
탁
엉뚱한
이야기
라는 건
인정해.
주치의
선생님이랑
여러 사람들에게
상담해 봤는데,
하나같이
제정신으로
하는
말이냐고…

스토 씨에게는 상담해 봤어? 그 사람이라면 분명…
그게 말이야…
비현실적이군.
날카로워…
예상했던 바야.
베시를 위해서 그렇게 말해준 거야.
스토 씨는 여성이 직업을 갖는다는 게 얼마나 힘든 일인지 잘 알고 계시니까…
하지만
설령 가시밭길을 간다고 해도
베시, 네가 결정했다면 나는 응원할게.

나는 열심히 벌 테니까 돈 걱정은 하지 마.
반대한들 소용없을 테니까.
나도.
다들 고마워.
나 꼭 의사가 되고 말겠어. 미국 최초의 여의사가!

제2장
가시밭길
으…
울렁 울렁
배가 흔들려서 힘드네.
1847년 펜실베이니아주 필라델피아
엘리자베스
26살
엘리자베스는 지인이 소개해 준 엘더 박사의 집에서 신세를 지게 되었다.
당시 필라델피아는 세계 최첨단의 의학을 갖춘 도시, 파리의 이름을 따서
'미국의 파리'라고도 불리는 의학 도시였다.

엘더 박사는 여성 교육에 이해도가 높은 의사였고
엘리자베스는 입학 수속을 하는 동안, 이곳에서 하숙을 하기로 되어 있었다.
엘리자베스 잘 왔네.
여기서 대학 입학 준비를 한다 했었지?
네.
공부한다면 필라델피아가 좋다고 생각해서요.

하지만 여자라는 이유로 고생이 이만저만이 아니었을 텐데.
제일 힘들었던 점은 여자가 의사가 되려면 어떻게 해야 하는지 아무도 알려주지 않았다는 거예요.
저런…
의사 선생님께 여쭤봐도
"그건 무리야" 라든가
"결혼해야지" 같은 말만 하고…
아는 사람을 연줄로 해서, 어떻게 의사 자격이 있는 목사님 밑에서 공부할 수 있었거든요.
거기서 교사로 일했지만 아무래도 돈이 부족했는데
가족들의 지원을 받아서 그럭저럭 지낼 수 있었어요.

가족분들이 많이 도와 줬구나…
…
알았어!
달그락
자네 하고 싶은 대로 하면 돼!
벌떡
여성 의사가 탄생하게 되면
일종의 혁명이라고 해도 과언이 아니니까.
약학과 직결되는 화학은 내가 가르쳐 주겠네.
해부학은 지인인 알렌 박사에게 부탁해 둘 테니.
반짝
감사 합니다!
알렌 박사의 저택

해부해 본 경험은?
아니요. 없습니다.
그럼 내일 아침 8시에 오도록.
올 때 메스 4개랑 핀셋,
그리고 가위를 챙겨오게.
메모 메모
의료기구판매점
의료 기구 판매점…
여기구나!
끼익

!
홱
깜짝
이 시대에는
의료기구 판매점은
물론이고,
도서관 등
여성이 들어가기
어려운 곳이
많았기에
힐끗
힐끗
힐끗
엘리자베스는
늘 호기심 어린
시선을 받았다.

두
둥
둥…
이…이… 이건… 사람의…?
그럼 이게 돼지 다리로 보이나?
토할 것 같아…
집에 가고 싶으면 출구는 이쪽이네.
이쪽
우엑
아… 아닙니다!
할 수 있습니다.
휙

…이게
힘줄.
이게…
척골.
엘리자베스는
부검이
진행될수록
공포심이
줄어들고
지적 호기심이
부글부글
솟아오르는 것을
느꼈다.
이것이
우리 몸의
구조구나.
굉장히
복잡하면서도
너무
아름다워…

자네 같은 사람이 의대에 입학할 가망이 없다는 게 무척 유감이네.
감사합니다. 인체의 신비함을 느낄 수 있어서 무척 감동했습니다.
음…
…?
부들
부들
엘리자베스는 몇몇 의대에 입학 원서를 냈지만 모두 기각되고 말았다.
입학 불허가?!
불허가 불허가
여기는 거부!
도대체 어떻게 된 거야?!
불허가

편지를 써도 소용이 없다면, 직접 담판을 짓는 수밖에.
쿵 쿵
A 대학
여성은 전례가 없어서…
B 대학
저야 좋지만 교수님들이…
C 대학
여자는 의사가 될 수 없어! 간호사가 되지 그래?
이런 앞뒤가 꽉 막힌 녀석들을 봤나!
여자가 의사가 되면
본인들이 설 곳이 줄어들 거라고 모두 두려워하는 거겠지.
지금 의사는 일을 찾는 것도 쉽지가 않아서 말이야…
정말요?!

여자가 남자보다 사교적이라면서, 파티와 같은 모임에 참석해 사람들의 환심을 사서
환자를 가로채 간다고 생각하는 무리가 있기도 하지.
이런…
사람의 목숨이 걸려 있는데 그런 이유로…!
여자로 태어났다는 것만으로 좋아하는 공부는 둘째치고
지끈…
…
메스 한 개를 사는 것도, 책을 빌리는 것도 어려웠어.
하물며 …
의사가 된다고?
도저히 안 되는 일…
엘리자베스 …

끼익
부르셨나요…?
어서 들어와.
이 분은 기침이 멈추지 않는 증상이 있어.
남자인 내가 진료하면 불편하실 듯하니, 자네가 봐 주게.
네?
제가요…?
두근
두근
…
그, 그러면
휴우
쓱…

숨을 깊이 들이 쉬세요.
천천히 내쉬고.
…
사각 사각
싱긋
괜찮아요. 잡음은 없기 때문에 큰 병은 아닐 거예요.
언제부터 기침이 나기 시작하셨나요?
일주일 전부터 예요.
밤에 잠을 못 잘 정도로 기침이 심해서…
네, 밤에 기침이 많이 나면 괴로우시죠.
그럼
이번엔 입 안을 보여 주시겠어요?
네…

첫 진료는 어땠는가?
영원히 …
이 진료실에서 나가고 싶지 않다는 생각이 들었어요.
저렇게 밝은 얼굴을 하시고
약을 소중히 안은 채 가셨어…
꼬옥…
내가 도움이 되었을까…?
저…
역시 의사가 되고 싶습니다.

자네는 의사가 되어야 해.
물론 의사가 되려면 험하고 어려운 길을 걸어야 하지.
하지만 자네가 그 어려움을 이겨낸다면
많은 여성들을 구하는 것이 될 거야.
낡은 사고방식에 얽매여
자유롭게 살지 못하는 전 세계의 여성들에게
새로운 길을 열어주는 거지.

필라델피아 이외의 온갖 의대에 원서를 냈지만…
엘더 박사에게서 지방에 있는 작은 학교라면 화젯거리를 만들기 위해 여성을 받아줄지도 모른다는 조언과 추천서를 받은 엘리자베스는
그래, 애써 여기까지 왔는데 포기할 수는 없어!
불허가 통지서가 산더미…
남녀에게 보편적 교육을 실시하는 것을 염두에 두어…
…정부의 기본 방침…
이게 마지막 한 통.
만약 이것도 안 되면… 나는…!
팔랑…
찌익
응?

입학 허가
!!
해냈다 ~!!
쿵
쿵
해냈어 ~!!
이제 의학을 배울 수 있게 됐어!!
마침내 기적이 일어났다.

1847년 11월 4일
엘리자베스는
의대에 다니기
위해 뉴욕주의
제네바로 향했다.
겨울 학기가
시작된 지
벌써 2주가
지난 뒤였다.
엘리자베스
블랙웰이라고
합니다.
입학 허가를
받아서
왔습니다.
하지만
진짜
올 줄
이야…
사고
라니요?
아니, 사실은
작은 사고가
있어서 당신의
입학 허가가
내려진
겁니다.
네?

총학생회에 판단을 맡겼더니…
하지만 엘더 박사의 추천서는 무시할 수 없어서
원래는 불허가였거든요.
와~
웰컴 이야 웰컴.
정말이야! 이 학교에 여자가 온대!
너도 서명해.
만세~
그럼요. 당신은 여기서 배울 권리가 있어요.
하지만 분명히 허가증을 받았으니…
말하자면 학생들이 저지른 장난 같은 짓이었던 거죠.
이럴 수가
아!

터벅…
터벅…
음…
교수님 오실 때까지 수업은 어떡하죠? 교과서는요? 저, 저기요…
탁
다만 담임 선생님이신 웹스터 교수님께서 부재중이라 잠시 대기하셔야 해요.
바빠서 이만
대기라니… 언제까지요?
투 둑
휙
휙
우하하
이 녀석들이 정말~!!
다다다
휠
끗
아줌마
꾸깃…

블랙웰 집안
베시가 보낸 편지야.
성실하게 지내고 있겠지?
그토록 노력해서 들어간 거니까.
나도 보여줘.
속닥 속닥
"나는 캐나다와 가까운 제네바라는 시골 동네에 와서 충격을 받았어요.
아무래도 나는 '이상한 여자'고
'무슨 일을 저지를지 모르는 위험인물' 취급을 당하고 있거든요.
수업은 아직 한 번도 듣지 못 했어요.
맙소사…
과연 이런 상태를 입학했다고 할 수 있는 걸까요?"

하지만 엘리자베스의 편을 들어주는 사람도 있었다.
오, 자네가 엘리자베스인가?
웹스터
해부학 교수
웹스터 교수님.
네… 잘 부탁드립니다.
꼬옥
그래 그래.
흠… 자네, 손이 작아서 꼼꼼한 일을 잘할 것 같은데.
네…?
게다가 외과 의사에 적합한 아주 좋은 눈빛을 가지고 있어.
외과 의사라고요?

내가 전력으로 응원해 줄 테니까 열심히 해봐.
웹스터 교수와의 만남은 엘리자베스가 외과 의사를 목표로 하는 계기가 되었다.
아무튼 장난이든 아니든 입학해 버린 이상, 이제 아무 문제없어.
들어봐. 자네는 모든 과정을 우수한 성적으로 졸업하는 거야. 그렇게 해서 모두를 놀라게 하는 거지!
네? 네에…
웹스터 교수는 엘리자베스를 수업에 참여시키고, 받지 못한 수업에 대해서는 보충 수업을 해주었다.
엘리자베스는 자는 시간을 아껴가며 공부했다.
냠냠
냠냠
저 여자… 아직도 그만두지 않았어.
정말로 의사가 되고 싶은 가봐…

결석해 달라고요?
네?
매우 민감한 수술이라 여자들은 참석할 수 없다는 거지.
교수 회의 결정이네.
그래, 정말 미안하지만…
이유를 모르겠어요. 왜 저만 수술에 참석하지 못하는 거예요?
학생으로서
저는 참여할 권리가 있어요.
하지만 외과 의사가 되기 위해서는 꼭 필요한 수업입니다.
…
… 자네에게는 또 다른 기회를 주겠네.

엘리자베스는
교수님께
자신의 마음이
담긴 편지를 썼다.
이 마음을
어떻게
전해야
하나…
Dear
“인간의 신체는
신성합니다.
의사는 늘 사람의
몸에 대해 두려움을
가지고 의료를
진행해야 한다고
생각합니다.
그리고
질병으로 인한
고통은
인종, 성별을
불문하고
모두에게
있어서
평등합니다.
의사는
어떤 병을
치료한다
하더라도
도피해서는
안 됩니다.
그러므로
학생이라고
해도
의사를
목표로
하는
저 역시
도피할 수
없습니다.”

다음 날 아침
…라는데.
여러분의 생각은 어떤가?
그녀를 받아주지 않겠는가?
웹스터 교수는 엘리자베스를 강의실 밖에서 기다리게 하고, 학생들에게 편지 내용을 설명해 반응을 보았다.
조마 조마
안절 부절
철컥…
들어 오렴.
교수님…

타
닥
짝 짝
짝 짝
너한테 졌다 졌어.
오늘부터 같은 반 친구야.
블랙웰.
… 다들…!
의대생들은 엘리자베스를 환호성으로 맞이했고, 그녀의 성인 블랙웰로 불러 주었다.

블랙웰, 앞자리에 앉아.
이쪽이야
하지만 내가 앉아 버리면…
앞자리는 네 자리야.
평소와 마찬가지로 말이야.
이것은 성별의 벽을 넘어 '의학에 뜻을 두는 한 명의 동급생'으로 그녀를 인정했다는 뜻이었다.
1848년 학교가 방학에 들어가자, 엘리자베스는 필라델피아에 있는 블록클리 자선병원에서 연수를 하기로 했다.
엘더 박사의 저택
블록클리?! 뭐어?! 그런 무서운 곳으로…

노숙자나 범죄자도 있다고 들었어.
엘더 씨. 그래도 많은 경험을 쌓을 수 있잖아요!
도둑이든 왕이든
환자는 환자니까요!
여기구나.
허름…
블록클리 자선병원은 입원 환자가 1,000명을 넘는 대형 병원이었다.
경험을 쌓기에는 적합했지만, 모든 환자가 가난한 데다 환경도 최악이고
남자 의사도 견디지 못해 도망칠 정도로 열악한 곳이었다.
철컥
안녕하세요. 컨디션은 어떠…
휙

또 온 거야? 여자 의사 따위는 필요 없다고.
가난하다고 바보 취급하지 마라!
…
철썩
…상태가
좋아 보이시네요.
짜증
그건 그렇고, 당신은…
어머?
진료 기록 카드는?
모르겠는데. 잃어버리면 네 책임이야.
툭
꺄악!
조심 좀 하세요.
터벅
터벅
하아~

신경 쓰지 말아야지.
부글
내가 해야 할 일을 할 뿐이야.
부글
빈틈없이 꽉 들어찬 환자들.
악취가 나는 불결한 곳에
굳게 닫혀 있는 창문.
이런 곳에 있으면 우울해질 테고
좋아질 리가 없어…
게다가 아이들은 영양이 부족해.

한 명이
안염에 걸리면
연달아
다른 아이들까지
감염되고 있어.
공용으로
쓰고 있는
수건과
대야
때문일까?
자네는
아직 남아
있는 거야?
이제 집으로
가게.
원장님.
매일매일이
공부가 되고
있습니다.
문제가
너무 많아서
연수 보고서의
주제를 어떻게
해야 할지
고민 중
입니다.
…
그렇다면
발진
티푸스로
해보게나.
발진
티푸스?

이른바 '선박열'이다. 해마다 여름이 되면 이민자들이 탄 배에서 확산하지.
여기는 지옥으로 바뀐다.
어중간한 마음으로는 절대 못 할 거야.
…
열이 난 환자가 나타났어!
타다닥
멍하니 있지 말고 피를 뽑아내라.
네!
발진티푸스는 오한 · 두통 · 전신 통증 · 고열 등을 동반하는 감염병으로
감염되면 성인 4명 중 1명은 목숨을 잃는 무서운 병이었다.
당시에는 명확한 치료법이 없었고, 혈액을 뽑는 사혈을 하거나 고열 환자에게 찬물을 끼얹는 등 과학적 근거가 없는 치료법이 사용되었다.

시체를 밖으로 운반해.
앗
드르륵
이건… 미국으로 오는 배 안에서 봤던 사람들과 같은 병인가?
"티푸스… 무서운 병이야…"
이런 식으로 해서는 절대 안 돼.
다시 살펴보고 생각해 보자.
티푸스와 안염은 둘 다 감염병에 관한 공통점이 분명히 있을 거야…

가을이 되면서 티푸스 유행은 가라앉았고
엘리자베스는 보고서를 작성하기 시작했다.
자신이 본 환자들의 증상을 하나하나 세세하게 적고
그 방대한 정보를 통해 질병의 원인이나 사용해야 할 치료법을 분석하고 살폈다.
이는 현대에서 '임상 연구'라고 할 수 있는 방법이었다.
• 사람이 밀집된 비위생적인 환경에서 쉽게 퍼진다.
• 발열, 두통, 심한 피로감이 생기고 발진이 나타난다.
• 환자의 몸은 물론 옷이나 침구를 청결하게 유지하는 것이 중요하다.
과연 잘 썼군!
보고서는 높은 평가를 받았고, 다른 수련의들을 대상으로 발표하는 자리가 특별히 마련되었다.
보고서의 내용은 티푸스에 그치지 않았으며
이 당시 아직 주장되지 않았던 '어떻게 하면 병에 걸리지 않는가'라는 '예방 의학'의 관점이 담겨 있었다.

블록클리에서
몇 달 동안 겪은
힘든 일들은
엘리자베스에게
귀중한 경험이
되었다.
누나~
시간은
흐르고…
1849년
마침내
엘리자베스는
대학 졸업식을
맞이했다.
헨리.
너무
멀었지?
여기까지
와줘서
고마워.
안 올
수가
없잖아.
미국 의대를
처음으로
졸업하는 여자가
우리 누나인데,
게다가
수석이라니.
모두가 나를
도와준
덕분이야.

에밀리는 자기도 의사가 되겠다지 뭐야. 어렸을 때부터 누나를 동경하고 있었으니까.
안나 누나는 참석을 못해서 아쉬워하더라.
어머.
파리에 있다니까 어쩔 수 없지. 시만 쓰던 안나가 이제 트리뷴 신문의 특파원이라니.
이제는 어엿한 저널리스트가 되었겠네.
금년도 수석 졸업자.
엘리자베스 블랙웰!
네!

웹스터 교수님, 감사합니다.
교수님이 안 계셨다면 저는 졸업하지 못했을 거예요.
나야말로 영광이지.
뭐니 뭐니 해도 역사에 남을 학생을 내 손으로 가르칠 수 있었으니.
학교 이름을 더럽히지 않는 외과 의사가 되도록 노력하겠습니다.
최근에 외과는 비약적으로 발전하고 있어.
옛날에는 구할 수 없었던 생명을 외과 수술로 구할 수 있게 되었지.

처음 자네를 만났을 때, 그 눈이 인상적이었어.
이 사람은 체구는 작지만 강한 의지를 지니고 있구나.
수많은 어려움을 극복하고 머지않아 많은 생명을 구할 사람이 되리라 생각했지.
그 눈빛과 손재주를 소중히 여기게나.
네, 웹스터 교수님…!!

2년간의
대학 생활을
마치고
의사가 되어
소원을 이룬
엘리자베스는
외과 의사로서
더욱 실력을
높이기 위해,
당시 의료 분야에서
최첨단의 도시였던
파리로 출발했다!

제 3 장
좌절 그리고 희망
1849년
파리
불합격
어디에서도 외과 의사로 채용해 주지 않아…
파리에서도 똑같은 패턴이라니…
프랑스는 미국보다 여성 차별이 심하거든.
여자 의사라고 하면 아무도 안 믿을걸.
안나
33살
엘리자베스
28살

언니, 나 이렇게 된 이상
라 마테르니테 병원에서 일할 거야!
탁
라 마테르니테 병원?! 거기는 외과가 아니라 산부인과잖아.
맞아. 조산사 수습생으로 일할 거야.
조산사 수습생이라니… 정식 의사 자격도 갖고 있는 네가?
꽉
파리까지 왔는데 아무것도 안 하고 돌아갈 수는 없잖아.
게다가 거기는 1년에 2천 명이나 태어나는 큰 병원이라고.
분명 얻을 수 있는 것들이 많은 거야!

라 마테르니테 병원
수습생! 수건 좀 갖다 줘.
허둥
식었잖아! 아기가 감기라도 걸리면 어쩔 셈이야?
지둥
네네! 가져다 드릴게요!
어제도 또…
한숨도 못 잤어…
빨리해!
환자들 생활 관리에
회진할 때 따라가야 하는 데다가, 출산 강의까지…
이렇게까지 바쁠 줄이야…
…
어깨가 아프신가요?
끼익
응어리가 생긴 것 같아서요…

…
…
톡
네.
스윽
딱딱하지 않은 걸로 봐서 일시적으로 생긴 거예요.
걱정하지 않으셔도 돼요.
그렇군요. 다행이네요!
똑똑똑
블로 선생님, 부르셨나요?
…
이폴리트 블로
백신 담당 수련의

네, 블랙웰 씨.
불러내서 미안해요.
엘리자베스라고 불러 주세요.
블로 선생님, 뭐 때문에 저를?
환자들에게서 소문을 들었거든요.
당신이 의사보다 세심하고 정확하게 진찰한다고.
죄송합니다. 제가 괜히 나섰나 봐요.
아니에요. 저도 그렇게 생각하고 있었어요.
당신은 다른 조산사 수습생들과는 달라요.
그래서 부탁을 드리고 싶은데…

백신 접종을 도와주실 수 있을까요?
어… 네!
예에?! 의사 면허증을 갖고 있다고요?!
네.
외과 의사로서 경험을 쌓기 위해 파리에 왔지만
어디에서도 채용해 주지 않았어요.

어쩐지 …
그럼 당신은 제 선배님이군요.
거기 까진… 그래도
동료라고 생각해 주시면 좋을 것 같아요.
영광이에요. 엘리자베스.
괜찮다면 제 연구를 봐줄 수 있을까요?
꼬옥
물론이에요.
블로는 재능이 넘치는 수련의로, 의료에 관한 이야기를 대등하게 나눌 수 있는 데다가 여성이라고 업신여기지 않았다.
파리에서 처음으로 자기를 이해해 주는 남성을 만난 엘리자베스는 정신적으로 많은 도움을 받았다.

이 병원은 나쁘지 않아.
반년만 일해도
의사로서 평생을 일한다 해도 다 접하지 못할 많은 경험을 쌓을 수 있다고 하니까.
그렇구나…
여기서 조금만 더 힘내자.
얼굴이 좀 피곤해 보이네…
응. 피곤하긴 하지만 괜찮아.
그럼 다행이긴 한데…
오늘 밤에 강당에서 평소에는 보기 힘든 수술이 있어. 너도 보러 가면 좋을 것 같아.
강당
메스를 다루는 솜씨가 너무 훌륭해…!

대단한 기술이야.
나도 저렇게 할 수 있게 되면 좋겠어.
제대로 기술을 익혀서 생명을 구할 수 있는 외과 의사가 되도록…
안녕하세요.
결국 잠을 설쳤네…
응애 응애
후아암
엘리자베스, 아기 좀 봐줄래?
무슨 일이에요?
안구에 염증이 생겼어. 심각한 걸 수도…
응애 응애
응애

우선
눈을
세정하고
…
응~
그래
그래.
잠깐
미안…
똑
우에에엥
응애~
우
아앙
투둑

어…?
문질
괜찮아?
괜찮아요.
그래 그래.
정말 괜찮은 거야…?
착하지 ~
나는 블록클리 자선병원에서도 감염되지 않았어.
그러니까 괜찮을 거야.
눈이 따끔따끔한 것도 기분 탓이야.
하아 하아
…
엘리자베스! 얼굴이 …?!

추워…
헉
헉
눈도 아프고.
몸이 뜨거워.
블로 씨?
안나 언니…
괜찮아.
내가 반드시 낫게 해줄게…!
블로 씨…!!

짹
짹
새소리…
아침 인가?
…
꾸욱
번쩍
어?
왜 그러지…
쨍그
꺄아아아악

벌컥
안 보여…
아무것도… 안 보여…!
엘리자베스…!
침착해…!
많은 아이들을 실명시킨 악성 안염의 비말이 엘리자베스의 눈에 들어온 것이었다.
엘리자베스는 왼쪽 눈을 완전히 실명했다.
오른쪽 눈도 상당한 손상을 입어 몇 주가 지나서야 볼 수 있게 되었다.

흐릿…
블로…
…씨?
…
미안해.
네 시력을 되찾지 못했어…
그…
만약
네가 괜찮다면…
머뭇…
앞으로 계속…
저…

나…
포기하지 않겠어.
지금까지 몇 번이나 어려움을 극복해 왔으니까.
이번에도 극복하고 말거야.
그래…
너는 정말 강하구나…
…하지만
네가 선택한 길은…
정말 험한 가시밭길일 거야.
덜컹 덜컹

베시…
알아…
외과 의사가 될 수 없다는 걸…
하지만… 그렇다고…
포기할 수는 없어.
덜컹
덜컹
덜컹
눈을 소중히 하라고 교수님께서 그토록 당부하셨는데…
외과 의사에 적합한 아주 좋은 눈빛을 가지고 있어.
흐윽
으아 아아…
아아아 아아아…
… 베시.

…나는 기뻤어.
네가 깨어났다는 소식을 들었을 때.
목숨만이라도 건져서 정말 다행이라고 생각했어.
나도 엄마도, 가족 모두가 정말 걱정했는걸.
블로 씨도 몇 번이나 오셨어.
블로 씨…
강한 척하지 말고 말할 걸 그랬어…
사랑한다고…
정말 고마워. 나를 구해줘서.
그 후에
엘리자베스는 자신의 목숨을 구해준 것과
아름다운 추억을 만들어 준 것에 감사를 담아
블로에게 진료실에서 쓰는 램프를 선물했다.

1850년 런던
실명으로 인한 슬픔에서 벗어나지 못하고 있던 엘리자베스에게
세인트 바르톨로뮤 병원 측은 그녀를 수련의로서 정식으로 초대했다.
세계 최초의 여의사, 엘리자베스는 따뜻한 환영을 받았으며
학회나 파티에 참석해 지식인이나 유명인과 뜻깊은 교류를 나누었다.
하지만 앞으로 자신이 무엇을 해야 할지는 결정하지 못하고 있었다.
그런 가운데, 지인인 한 여성 화가의 집에서
엘리자베스, 소개하고 싶은 분이 와 계셔.
새로운 만남이 있었다.
휴우…

처음 뵙겠습니다.
플로렌스 나이팅게일이라고 합니다.
나이팅게일은 훗날 크림 전쟁에서 활약하며 의료 현장에 통계학 등의 혁신적인 이론을 도입해
근대 간호학의 기초를 만들어 낸 여성이다.
나이가 비슷한 두 사람은 마음이 잘 통했다.
어머나! 저 저택…
조금만 손보면 좋은 병원을 만들 수 있을 텐데.
동쪽에 창문을 늘리고
입구를…
이상적인 병원?
앗 미안해. 내 꿈이 이상적인 병원을 세우는 거라서 괜찮은 건물을 보면 나도 모르게…

앗 저기, 저기가 우리 집이야.
휙—
과연. 창문이 많으면 환기도 잘 될 것 같네.
그리고 침대 간격도 중요하지.
응. 우선 큰 창문이 많이 있어야 돼.
햇빛이 들어오는 게 정말 중요하거든.
광장한 저택이잖아!
엠블리 파크
가족들은 내가 일하는 것에 대해 극구 반대하고 있거든.
하물며 간호사라니, 집안 망신 다 시킬 셈이냐고 하셨어.
그렇구나…

여자가 일하는 게 뭐가 나쁜 건지…
세상의 남자들은 여자를 무서워 하나 봐.
엘리자베스.
넌 정말 대단해.
의사가 될 때까지 고생이 이만저만이 아니었을 텐데.
…외과 의사를 목표로 하고 있었는데
한쪽 눈이 안 보이게 돼서…
…
엘리자베스, 내 최종적인 꿈 이야기 좀 들어볼래?

만약에
전 세계 사람들 모두가
슥…
자기 몸에 대해서 잘 알고
건강에 관한 상식을 배워 청결한 환경에서 살 수 있다면
병에 걸리는 사람은 없어질 테고
병원도 필요 없어진다.
물론
의사나 간호사도…!

그게… 최고라고 생각되지 않아?
맞아.
나는
알고 있어.
꼬옥
외과 수술을 하면 분명히 생명을 구할 수 있지.
하지만 그보다 훨씬 더 많은 생명을 구할 수 있는 의료가 있어.

병을 미연에 방지하는 것. 병을 악화시키지 않는 것.
예방 의학!
엘리자베스?
엇
벌떡
네 이야기 덕분에 빛이 보였어.
고마워 플로렌스!
어…
나 미국으로 돌아갈래.
그리고 나도 병원을 세울 거야!

죽지 않아도 될 사람이 죽지 않는 병원을!
우리 같이 힘내자!
찾았다!
내가 가야 할 길.

제 4 장
새로운 꿈
1851년
뉴욕
부탁드려요. 집세는 꼬박꼬박 낼게요.
그러니까 여자 의사에게는 빌려줄 수 없어.
빠직
여성에 대한 이미지가 좋지 않으니까…
쑤욱
제발 부탁 드려요!
엘리자베스
30살
철컥
다녀왔습니다.
하아~
비틀
비틀
베시 언니, 어땠어?

계약은 잘 됐어?
에밀리 여동생
25살
응… 되긴 됐는데
병원 간판을 걸지 않는다는 조건이 있어.
뭐? 간판 없이 환자가 어떻게 찾아와?
어쩔 수 없잖아. 다른 곳은 아예 빌려주지도 않으니까.
시립 병원에서는 산부인과를 견학하는 것조차 거부당했고…
정말이지… 언제가 돼야 세상이 발전하려나…
그러고 보니 언니, 편지가…

제네바 의과대학! 분명 에밀리의 입학 소식 이겠지.
허가가 나면 좋겠는데…
당연히 합격이지.
수석으로 졸업한 내 여동생인데.
톡
보자… "당신은 특례로 입학한 것으로 여동생 에밀리 님의 입학은 허가되지 않…" …?
이럴 수가?!
미국에 2년 만에 돌아왔지만, 상황은 전혀 달라지지 않고 있었다. 여자 의사라고 하면
사람들이 마치 마녀나 범죄자를 보는 듯한 눈초리를 던졌기에 여성은 의학을 배우고 싶어도 배울 곳이 거의 없었다.
역시 내가 의사가 되는 건 어려운 일일까…
에밀리 포기하면 안 돼! 분명 방법이 있을 거야.
추욱…

엘리자베스의 진료소
조~용
…
뭐… 이렇게 될 줄은 알았어…
하지만…
이런 상태가 계속되면… 정말 오긴 오는 걸까.
여자들이 자유롭게 살 수 있는 날이…
풀썩
꽈악
아니야! 포기해서는 안 돼.
벌떡
내가 스스로 행동에 나서지 않으면
아무것도 변하지 않아!
다다다다다

강의 제목은 '여성의 월경 교육과 관련된 생명의 법칙' 이었다.
엘리자베스는 교회의 지하실을 빌려서 강의를 했다.
질병 중 가장 심각한 것은 '빈곤, 무지, 불결함'이며
여성이 자신의 몸에 대해 아는 것은 매우 중요하고
치료 방법은 교육밖에 없습니다.
결코 부끄러운 일이 아닙니다.
오랫동안 금기로 여겨졌던 '성' 문제에 파고들었던 것이다. 이 강의는 센세이션을 일으켰고 이후에 책으로도 출판되었다.
혁신적 이야!
세상에 널리 알려야 할 내용이야!
강의 주제는 성교육.

에밀리는
갖은 고생 끝에
비로소
오하이오주
클리블랜드에 있는
의대에 입학했다.
그리고
1854년,
엘리자
베스는
뉴욕의
가난한 사람들이
많이 사는 지역에
자선 진료소를
열었다.
사람들은 처음에
진료소를 꺼리고
멀리했지만,
점차 많은 환자들이
찾아오기 시작했다.
이…
이렇게
치안이 나쁜
곳에서?
환자들이
찾아오기
편하도록
우리가 먼저
다가가는
거야!
힐끗
힐끗

그러나 가난한 사람에게는 진료비를 받지 않았기에
일 년도 안 돼서 자금이 바닥났고, 결국 문을 닫고 말았다.
그럼에도 환자들을 내버려둘 수 없었던 엘리자베스는 자택에서 진료를 봤고
멀리서부터 아이를 안고 와서 기진맥진해진 어머니에게는 돌아갈 때 마차 비용까지 내주기도 했다.
“에밀리에게
이제 곧 졸업이네.
세상에는 치료를 필요로 하면서도 가난이나 지식 부족 때문에,
또는 주눅이 들어서 치료를 받지 못하는 사람들이 많아.
그중 상당수는 여성이지.”

이를 실현하기 위해 나는… 아니 우리 여성은 무엇을 해야 할까?”
“그래서 역시 여의사는 꼭 필요하다고 절실히 느껴.
“바로 스스로 행동하는 것. 나는 자선 진료소를 다시 만들 거야.
그리고 여자 의사를 양성하는 학교를 만들려고 해.
우수한 여의사를 배출해서 여성에 대한 편견 따위는 아무런 의미가 없다는 것을
세상에 증명할 거야.”
클리블랜드
역시 베시 언니야!
나는 훌륭한 외과 의사가 될 거야.
졸업하면 유럽에 가서 실력을 키운 다음에 베시의 병원에서 일해야지!

그리고 더 나아가 든든한 지원군이 생겼다.
벌컥
엄마! 요리책은 어디에…
키티 배리 블랙웰
7살
아.
앗.
어머?
키티, 아직 진료 중이야.
죄송해요.
우리 엄마… 아니, 선생님은
어떤 병이든 다 고쳐줄 수 있는걸요.
죄송해요~ 실례가 많았네요.
의사 선생님 곧 점심 시간이랍니다~♡

어머나, 선생님?
그… 예전에 치료해 주었던 아이인데
친척도 없는 외톨이라서…
저도 혼자이기도 해서 입양하기로 했어요.
그랬군요. 선생님도 엄마가 된 셈이네요.
착한 아이 같아요. 밝고 똑똑하고 힘이 넘치는.
네. 힘이 너무 넘치긴 하지만…
누굴 닮았는지…
헛
키티. 키티.
다락방은 위험하니까 혼자 가면 안 된다고 했잖아!
따다다
책이 다락방에 있었지?
가지 말래도!!
선생님 즐거워 보여
호호…

그리고 또 한 명의 든든한 지원군이 합류했다.
독일에서 온 마리 자크르 제브스카 입니다.
의학을 꼭 배우고 싶습니다!
마리는 재기 넘치는 여성이었고 무엇보다 열의로 가득했다.
경험이 지식보다 중요한걸.
엘리자베스는 마리를 진료에 참여시키는 등, 의학의 기초를 가르치고
에밀리가 다녔던 클리블랜드의 의대에 입학시켰다.
"에밀리에게
마리가 졸업하고 네가 귀국하면
셋이서 힘을 합쳐 새로운 병원을 만들자.
경영, 운영, 진찰까지 모두 여성이 하는, 여성과 어린이를 위한 병원."
…너무 무모한가?

아니야. 어려운 도전이야말로 내가 바라던 바야!
개척자가 되는 것은
내 최고의 기쁨인걸.
그 무렵 미국은 주요 산업이 공업인 북부와 농업인 남부 사이에서
노예제를 둘러싼 내부 갈등이 깊어지고 있었다.
1857년
벽은 하얀색으로 칠하고 창문은 크게 만들어 주세요.

베시 언니?
어머나! 어서 와 에밀리. 긴 여행하느라 고생했어.
그나 저나… 이 큰 집은 뭐야?
사버렸어. 좋은 건물이 있길래.
뭐어?!
깜짝
임대하면 간판 못 걸게 하잖아.
돈은 좀 많이 들었지만 뭐 어떻게든 될 거야.
…!
호호호…
그동안 쌓은 경험을 모두 힘으로 바꾼 엘리자베스는
타고난 연설력과 교섭력을 살려…

지금은 국가가 분열될 수도 있는 위기 상황입니다. 자선 사업을 할 때가 아니에요.
국가 분열보다 더 비참한 상황이
여기 뉴욕에서 일어나고 있습니다!
이 지역의 감염병을 그냥 내버려 두면
바람이 불 때마다 퍼지는 바이러스가 조만간 당신 가족에게도 전염될 수 있어요.
동참해 주시는 분은 부디 기부금을!
정부의 지원을 받는 데 성공했고
후원자들에게서 충분한 기부금도 모을 수 있었다.
끼익…
이 방은?
우와~!
난방은 한 곳에서 불을 때서 따뜻한 열을 건물 전체로 내보내는 방식이야.

여기는 간호사나 실습생들이 쓰는 침실이야.
언젠가 학교를 만들면 이 병원에서 학생들이 임상 훈련을 할 수 있도록 할 거야.
여성을 위한 의대를 설립하려는 꿈에 가까이 다가왔네.
1857년 5월 12일
에밀리가 외과 의사, 마리가 수련의, 엘리자베스가 원장을 맡은
뉴욕 여성과 아이들을 위한 자선 병원이 열렸다.
당케! (감사합니다)
환자들 중에는 영어를 못하는 이민자도 많았기에
세 사람의 뛰어난 어학 실력은 큰 도움이 되었다.
메르시 (감사 합니다)

병원은 새로운 시도를 했는데, 입원 환자에게 퇴원 후에도
건강 지도를 해주는 '원외 환자 서비스'를 하거나
간호사를 육성하는 3개월 양성 과정을 개설하기도 했다.
이곳이 바로 미국 최초의 간호 학교이다.
그러나 늘 여성이라는 이유로 어려움은 계속되었다.
수술은 잘 됐습니다. 다만 후유증이 생길 가능성이…
후유증?
여자 의사에게 맡기니까…
살인자 자매!
우―
우―
돌팔이 의사!
뭘 해도 여자라서 그렇다고 하니…
우리는 최선을 다했어. 언젠가는 인정받는 날이 올 거야.
여자 의사만 늘어난다면…

한편 엘리자베스는 다시 바다를 건너 영국으로 향했다.
영국 의사 협회에 여성으로서는 처음으로 엘리자베스의 이름이 등록되기 때문이었다.
마침 영국에서는 여성 의료에 대한 관심이 높아지고 있었고
엘리자베스에게 강연과 출판 의뢰가 잇따랐다.
그런 와중에도, 엘리자베스는 시간이 나면 나이팅게일을 보러 갔다.
불쑥
플로렌스.
엘리자베스, 와줬구나.
이 무렵 나이팅게일은 몸이 좋지 않아서 침대에 누워 있을 때가 많았다.

와락
응! 플로렌스를 보고 싶어서.
나도 보고 싶었어. 만나서 기뻐 엘리자베스.
크림 전쟁에서 맹활약 했다고 들었어.
당연한 일을 했을 뿐이야.
꿈의 병원은 잘 준비되고 있어?
덕분에 순조롭게 진행되고 있어. 지금은 간호 학교의 설계도를 제작하는 중이야.
멋지다. 꿈이 현실이 되는구나.
미국에 있는 네 학교는 어때?
그게… 내전이 시작될 것 같아. 이런 상황에서는 학교 설립에 자금을 지원해주는 사람은 없고
정치가 쪽도 상황이 좋지 않은가 봐.
그렇구니…

하지만 전쟁이 일어나도 우리가 할 수 있는 일은 많이 있어.
네가 크림 전쟁에서 많은 사람을 구하고
여성의 유능함을 세상에 증명한 것처럼.
맞아, 그런 마음가짐이 중요해.
호호호
… 엘리자베스.
영국으로 오지 않을래?
응?
우리 같이 일하자.
네가 간호 학교의 교장이 되어 주었으면 해.

하지만 나는 쉽게 포기하지 못하는 성격이라서…
내 꿈은 어느 누구나 평등하게 치료받을 수 있는 세상을 만드는 거야.
…
고마워 플로렌스.
그러기 위해서는 어떻게 해서든지 여성에게 배움의 기회를 제공할 수 있는 의대를 만들어야 하거든.
여기에서는 그 꿈을 이룰 수 없는 거야?
영국에는 이미 플로렌스가 있잖아.

사람들의 건강과 평등.
그리고 공중위생과 예방 의학!
…
…그렇네. 나는 영국에서, 엘리자베스는 미국에서. 떨어져 있어도 우리가 향하는 길은 똑같구나.
짧은 시간이었지만 두 사람은 다시 한번 돈독한 우정을 확인했고, 엘리자베스는 영국을 떠났다.
그게 무엇보다도 중요하니까!
1861년 4월 드디어 남북 전쟁이 발발했다.
그러던 중 징병제가 도입되었고, 1863년 뉴욕에서
미국 역사상 최악으로 전해지는 폭동이 일어난다.

하늘이 새빨개…
남부 녀석들을 죽여라!
엇
좋아, 다 잠갔어! 그다음에는…
뉴욕 여성과 아이들을 위한 자선 병원
병원은 북군 측이었지만 남부에서 온 피난민 환자도 받아들이고 있었다.
분위기가 심상치 않네. 이러다가 폭도들이 언제 이 동네까지 몰려올지도 모르겠어…
징병제에 반대하는 군중들은 부유층뿐만 아니라 많은 남부 출신자와 흑인 시민들까지 습격했다.
…
환자들과 이 병원은
꼭 지켜내야 해!
꿀꺽

괜찮아요. 진정 하세요.
많이 더우 세요?
선생님! 남부 환자는 퇴소시켜야 해요.
안 그러면 저희 까지…
남부든 북부든, 환자의 출신은 상관없어.
그래도 …
그럼 당신은 왜 간호사가 된 거지?
생명을 구하기 위해서가 아닌가?!
툭

…!
꼬옥…
으…
아…
진통이
시작된 것
같아!
다들
이 분을
분만실로
옮겨야 해.
괜찮아요.
아무 걱정도
하지 마세요.
아…
응애
응애애
태어
났다.
다행
이야.
태어
났구나.
응애
응애

하아.
털썩
…선생님,
저…
아버지가
항상 이렇게
말씀하셨어…
사람은
평등
하다고.
출신이
어디인지,
여자인지
남자인지도
상관없는
거라고.
아직
이 시대에서는
이상적인 생각에
불과할지도
몰라…
하지만
포기하는 순간
이루어지지 않아.
그러니까
열심히 노력해서
현실로
만들어야지.
네…!

이후에도 병원은 인종이나 출신에 차별 없이 환자를 받아들였고, 전쟁으로 다친 사람이나 도망병도 치료했다.
또한 엘리자베스는 종군 간호사를 양성하는 조직(WCAR)※을 만들어 지원자를 모집했고
교육을 받은 간호사들은 야전 병원에서 훌륭하게 일했다.
※ Women's Central Association of Relief, 여성중앙구호협회
많은 공적을 인정받은 엘리자베스는 당시의 대통령 링컨을 알현했다.
대통령님, 전사자 중 절반이 감염병으로 사망했습니다.
저는 비위생적인 환경을 어떻게든 개선해야 한다고 생각합니다.
그리고 사람을 차별하는 것이야말로 인류에 해로운 일이라고 믿습니다.
나는 강한 결심을 가지는 것이야말로 무엇보다 중요하다고 생각해요.
그런데 당신은 그것을 몸소 실천하고 있군요!

1865년 4월 북군의 승리로 마침내 남북 전쟁이 종결되었다.
그리고 불과 며칠 뒤에 링컨이 암살된다.
공교롭게도 같은 날, 뉴욕주는 여자 의과대학의 설립을 허용하는 주법을 발포했다.
드디어 학교를 만들 수 있어!
1868년 11월 2일 드디어 '뉴욕 병원 부속 여자 의과대학'이 개교했다.
첫해는 학생 15명, 교사 9명이었으며, 다른 대학교는 보통 2년제 교육 과정으로 구성되어 있는 반면에 4년제로 해서 수업의 충실도를 높였다.
게다가 임상도 실시해 어느 곳보다도 질 높은 의대를 목표로 했다.

마침내
엘리자
베스는
마지막
꿈을
이뤄낸
것이다.
대학교는 해마다
우수한 여의사를
배출했고,
의학계에서 여성의
지위는 착실하게
향상되어 갔다.
26살에
의사가 되는 것을
목표로 삼았고
30살에
작은 진료소를
개설했으며,
36살에 병원을
만들었다.
그리고 47살에
여자 의과대학을
설립했다.
다치거나
질병에 걸린
이후에
치료하는
것이 아니라,
미리 예방
하는 것.
그것이
건강을 유지
하는 데 있어
가장 중요
합니다.
그리고
미국 최초로
예방 의학 강좌를
마련해
엘리자베스
스스로
교단에 섰다.

내 역할은 이미 끝났어.
뭘 해도 허전하네…
하아~…
차르륵
무슨 소리야. 이것 봐, 편지가 이렇게 많이 왔는데.
언니 있잖아, 이제 나는 안심이야.
언니는 쉬지 않고 달려왔잖아.
하나님께서 슬슬 쉬라고 말씀하시는 것 같아…
안 그래?
큰일 났어!
에밀리, 나 영국으로 갈 거야.
벌떡
영국 여성들이 도움을 요청하고 있어!
아직도 남자들의 편견 때문에 의사가 되려고 하는 여성들이 힘들어하고 있는 것 같아.

여기서 언니가 맡은 일은 누가 해? 뉴욕 자선 병원은?!
네가 있으니까 괜찮아, 에밀리.
읏짜
게다가 다들 도와줄 거야.
설마 영국에서 저번처럼 또 고생할 생각이야?
에밀리, 나를 필요로 하는 사람들이 기다리고 있어.
어차피 가지 말라고 해도 소용 없겠지?
언니는 언제나 언니 하고 싶은 대로 해왔는걸.
달깍…
에밀리… 고마워.
키티도 데리고 갈 거지?
조심히 다녀와.
영국으로 이주하기로 한 엘리자베스는 키티와 함께 바다를 건넜다.

제5장
본적 없는 경치
1869년
런던
아아…
오늘은 중요한 모임이 있는 날인데…
엘리자베스
48살
엄마… 아니, 선생님!
예방 의학을 연구하고 있는 사람이
과로로 쓰러진다면 말과 행동이 맞지 않잖아요.
당분간 야간 방문 진료와 파티는 거절할 거예요.
알았어 알았다니까. 이렇게 큰 소리로…

선생님도 몰래 맡으면 안 돼요.
반드시 나랑 상의하기예요.
키티 22살
네네.
런던에 도착하자마자, 엘리자베스는 여자 의대 설립을 위한 기금을 모으기 시작했다.
그러나 얼마 지나지 않아 몸 상태가 나빠지고 말았다. 오랫동안 쉬지 않고 일해서 과로 증상이 나타난 것이다.
소곤 소곤
속닥 속닥
!
…!
이번 한 번만 더 협력하겠습니다.
알겠습니다.
끼익
선생님?!
그토록 안 된다고 했는데…
안녕하세요….
어쩔 수 없잖아. 가만히 있는 게 더 힘들단 말이야.
정말!
성큼 성큼

엘리자베스는 건강 관리에 주의하면서 종종 예방 의학 강의에 나갔다.
상류층과의 사교 활동은 그만할래.
일하는 여성들을 위한 예방 의학 강의를 하고 싶어.
네네.
의사의 역할은 치료뿐만이 아닙니다.
오히려 교사로서 사람들에게 건강을 유지하는 법을 가르치는 것이
결과적으로 더 많은 사람을 구할 수 있게 됩니다.
하지만 지금은 백신도 있어서 감염병을 예방할 수 있고
외과 의사 리스터가 발명한 무균법 덕분에 수술할 때의 위험도도 떨어졌습니다.

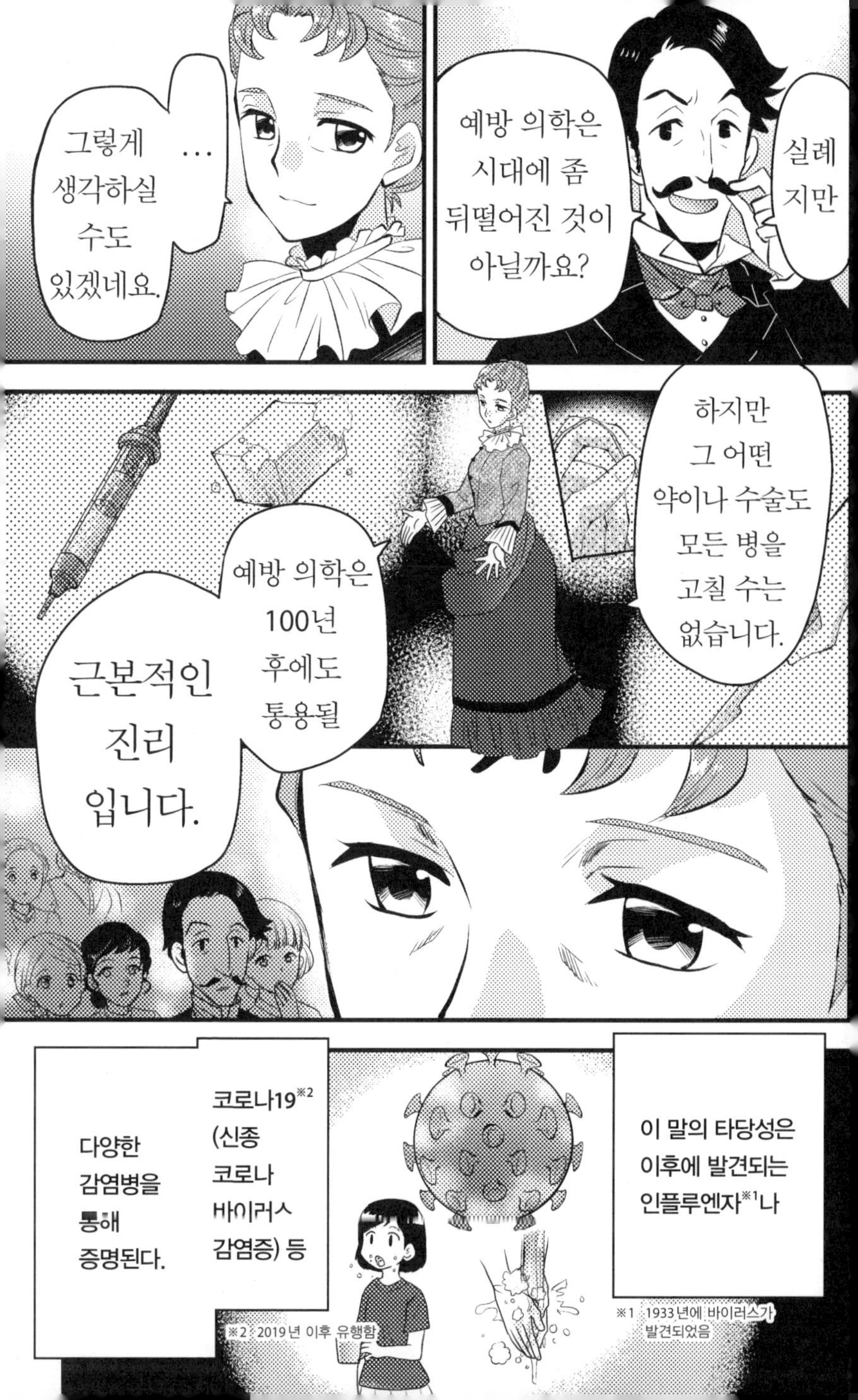

실례지만
예방 의학은 시대에 좀 뒤떨어진 것이 아닐까요?
…
그렇게 생각하실 수도 있겠네요.
하지만 그 어떤 약이나 수술도 모든 병을 고칠 수는 없습니다.
예방 의학은 100년 후에도 통용될
근본적인 진리입니다.
이 말의 타당성은 이후에 발견되는 인플루엔자※1나
코로나19※2 (신종 코로나 바이러스 감염증) 등
다양한 감염병을 통해 증명된다.
※1 1933년에 바이러스가 발견되었음
※2 2019년 이후 유행함

엘리자베스는 1874년에 영국 최초의 여성 의과대학인
'런던 여자 의대'의 설립에 참여해
직접 나서서 위생학 강의를 하고
1884년부터 1903년까지 교장을 맡았다.
1879년 몸상태가 악화된 엘리자베스는
키티와 함께 런던 근교 도시, 헤이스팅스에 있는 록하우스로 거처를 옮겼다.
두 언니 안나와 마리안도 이사를 왔고, 그렇게 넷이 한집에서 함께 살게 되었다.

이렇게 있으니까 옛날로 돌아간 것 같네.
아직 부모님이 살아계셨을 때처럼.
정말이네.
금방이라도 흙투성이가 된 사무엘과 헨리가 뛰어들어올 것 같아.
이놈들! 하고 고모가 화를 내면
아버지가 아이들은 내버려 두라고… 기억나니 베시?
사각 사각 사각
틱
아.
오후 방문 진료 시간이네.
딸깍

오늘은 찰스 씨 댁이죠?
조심히 다녀오세요.
키티 다녀올게.
타다닥
타다닥
선생님이 하고 싶은 일을 했으면 좋겠어요.
걱정돼서 시끄럽게 잔소리를 하지만, 사실은
키티.
너도 걱정거리가 끊이지 않겠어.
척
척
척
그게 선생님 다우니까요.
언니, 잘 지내? 나는 잘 지내고 있어."
"친애하는 베시 언니.
바쁜 엘리자베스를 위해
키티는 미국에서 에밀리가 보내온 편지를 읽어주었다.

“여자 의과대학의 졸업생은 200명이 넘었고
뉴욕 자선 병원도 순조롭게 발전하는 중이야.”
“그중에서도 언니가 만든 원외 환자 서비스는
이제 이용자가 수백 명을 넘어서 많은 환자들의 일상 건강을 지키고 있어.”
“제네바 의과대학에 생긴 첫 여학생 기숙사의 이름은
베시의 이름을 따서 지었어.”
어머나… 호호.
“마리가 보스턴에서 설립한 병원도 여성 의사에게 임상 경험을 제공하는 등 잘되고 있고.”
다행이야.

"사무엘의 두 딸은 이번에 우리 대학에서 공부하게 됐어."
어머… 그렇구나.
그래…
각자의 위치에서 활발하게 활동하고 있다는 근황을 듣고
엘리자베스는 진심 어린 미소를 지었다.
그 후 엘리자베스는 영국에서 조용히 남은 인생을 보냈다.
마지막 저서는 『여성에게 의료계로의 길을 연 선구자적 노력』※ 이라는 자서전이었다.
키티 62살
"선생님께서는 저희가 나아가야 할 길을 알려주셨습니다."
엘리자베스 89살
※ 『Pioneer work in opening the medical profession to women』

선생님이 쓴 책이
젊은 의사들에게 길잡이가 되고 있네요!
호호호.
"덕분에 저희는 밝은 희망이 있는 미래로 나아갈 수 있을 것 같습니다."
라고 하네요.
멋지구나.
…아무도 본 적이 없는 경치가 보고 싶어서
결혼도 하지 않고 동분서주했어.
하지만 혼자가 아니었지. 언제나 가족과 동료들이 도와줬으니까.
…
?
뭐예요? 갑자기 그런 이야기를…
호호 …

선생님의 가족은 저뿐만이 아니에요.
선생님이 구해준 가난한 여성이나 아이들도 있잖아요.
저처럼 말이에요.
키티, 네게 늘 감사하고 있어.
언제나 누구보다 먼저 달려와 줬고
잘 따라와 준 딸.
선생님이 길러 낸 여의사들도 모두 가족이에요.

그리고 그 의사들이 구한
많은 사람들 역시.
저 숲 너머에는 뭐가 있을까.
…
내가 원하는 뭔가를 하고 싶어… 남자 여자 상관없이 진심으로 몰두할 수 있는 무언가를!

아버지…
그래, 베시라면 할 수 있어.
강한 신념이 있다면 분명…
베시, 다시 볼 수 있을 거야.
그때는 굴뚝 위에서 보는 풍경이 어땠는지 아빠한테 알려주렴…
나 굴뚝 위까지 올라온 걸까?
아버지를 만나면 뭐라고 말해 줘야 할까.
내가 본 경치를.

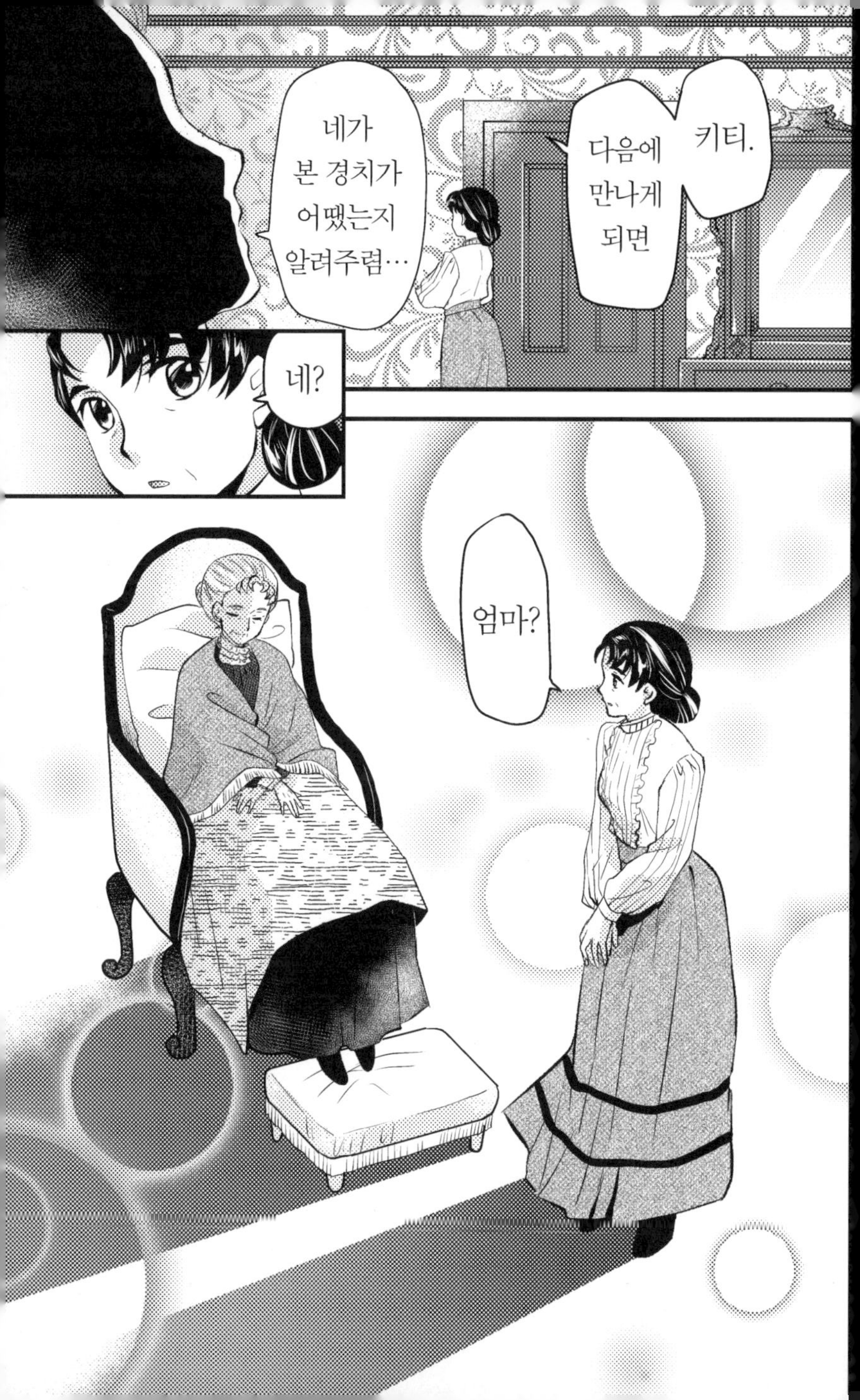
키티.
다음에 만나게 되면
네가 본 경치가 어땠는지 알려주렴…
네?
엄마?

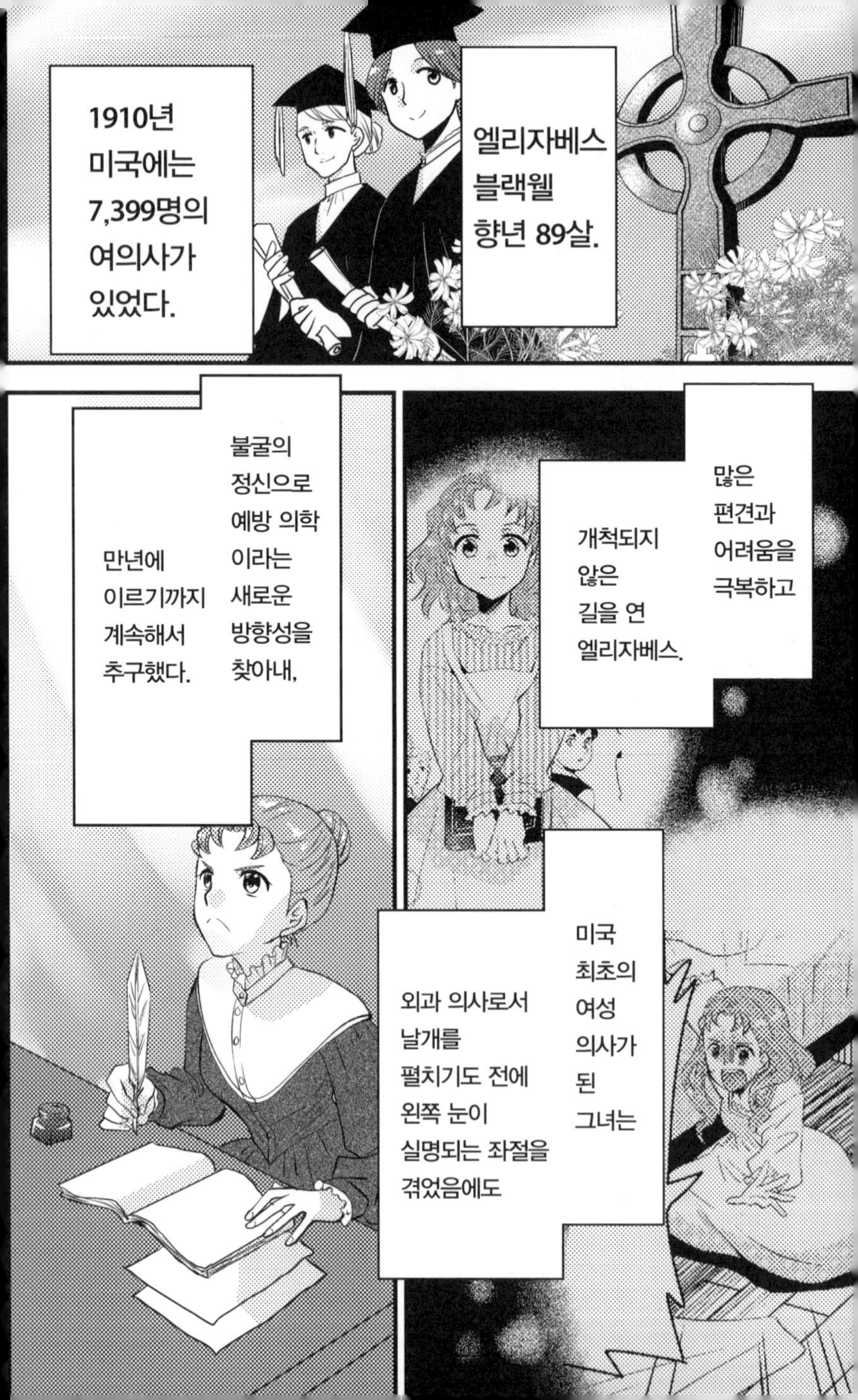
엘리자베스 블랙웰 향년 89살.
1910년 미국에는 7,399명의 여의사가 있었다.
많은 편견과 어려움을 극복하고
개척되지 않은 길을 연 엘리자베스.
미국 최초의 여성 의사가 된 그녀는
외과 의사로서 날개를 펼치기도 전에 왼쪽 눈이 실명되는 좌절을 겪었음에도
불굴의 정신으로 예방 의학이라는 새로운 방향성을 찾아내,
만년에 이르기까지 계속해서 추구했다.

전 세계에 큰 감명을 주며 변화를 일으킨 엘리자베스 블랙웰의 신념.
그녀의 신념이 여의사의 존재가 당연해진 오늘날을 있게 해 준 것이다.

만약 엘리자베스가 SNS를 하고 있었다면?

어렸을 때부터 왕성한 호기심과 긍정 마인드를 갖고 있었던
엘리자베스가 SNS를 한다면…?

베스 채널

구독자수 11,148명 1821

엄마도 깜짝 놀랄
베시만의 트레이닝 비법
최초 공개★
덜
덜

강한 아이가 되어보자! 거실 바닥에서 자다★

조회수 1,000,000회

용감한 아이가 되기 위해 끼니를 거르기도 하고, 한겨울에 거실 바닥에서 자보기도 했어.

조회수 100만 회

이 당시 아직 주장되지 않았던 '어떻게 하면 병에 걸리지 않는가'라는 '예방 의학'의 관점이 담겨 있었다.
보고서의 내용은 티푸스에 그치지 않았으며
의학의 새로운 상식

청소와 빨래로 병을 막을 수 있다!

엘리자베스는 많은 사람을 구하는 방법으로 '예방 의학'의 중요성을 사람들에게 설명했어.

그리고 침대 간격도 중요하지.
과연. 창문이 많으면 환기도 잘 될 것 같네.
정말 중요 하거든.
의료계를 대표하는
두 여성의
흥미진진한 이야기

특별 ☆ 대담 백의의 천사가 등장♡

나이팅게일과는 만날 때마다 열정적으로 예방 의학에 대한 이야기를 나눴대.

구독하면
여러분도
의사가 될 수
있을지도!

엘리자베스의 강연은 엄청난 인기!

엘리자베스의 강연을 듣기 위해 많은 사람들과 기부금이 모였어. 모인 돈은 병원 자금과 어려운 사람들을 치료하기 위해 사용됐지.

병원으로 하기 딱 좋을 것 같아서
계약금은 어떻게 하려고?

첫눈에 반해서 집을 충동구매!

엘리자베스는 돈이 충분하지 않았는데도 병원을 열기 위해 갑자기 큰 집을 사버렸어!

좋은 건 바로바로 사야지!

먹음직스럽게 잘 나온 음식 사진은 꼬박꼬박 올리기!

잘 먹었습니다!

엘리자베스는 평소에 단단한 빵이나 건포도 같은 음식을 검소하게 먹었던 것 같아.

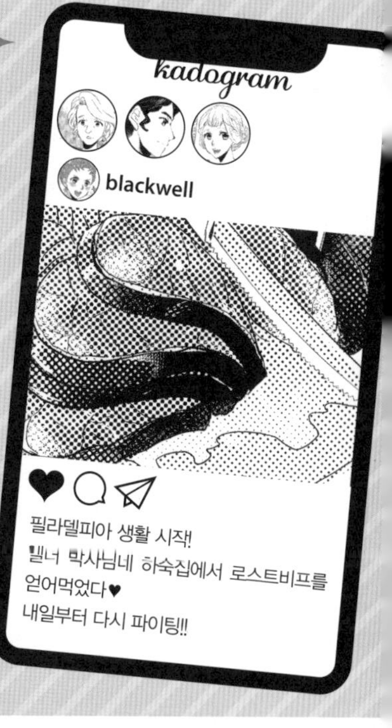

kadogram
blackwell
필라델피아 생활 시작!
헬너 박사님네 하숙집에서 로스트비프를 얻어먹었다♥
내일부터 다시 파이팅!!

엘리자베스 블랙웰 실력

퀴즈 55

정답을 맞출 수 있을까요?!

Q1 내가 태어난 나라는 어디일까요?

① 미국 ② 영국 ③ 캐나다

Q2 나는 여성으로서 세계 최초로 무엇이 된 사람일까요?

① 의사 ② 우주 비행사
③ 대통령

Q3 나는 지금부터 약 몇 년 전에 태어났을까요?

① 약 100년 전
② 약 200년 전
③ 약 300년 전

Q4 나는 어렸을 때 강한 아이가 되기 위해 하루 종일 무엇을 참아 봤을까요?

① 식사 ② 수면 ③ 목욕

Q5 우리 집은 세상을 떠난 형제를 포함하면 총 몇 명일까요?

① 9명 ② 10명 ③ 11명

Q6 우리 부모님과 형제 중에 '사무엘'이라는 이름을 가진 사람은 몇 명일까요?

① 2명 ② 3명 ③ 4명

Q7 우리 아버지의 이름은 무엇일까요?

① 사무엘 ② 스티브
③ 제임스

Q8 우리 아버지는 무엇을 만드는 공장을 경영했을까요?

① 설탕 ② 비행기 ③ 면도기

Q9 내 사촌 동생으로, 미들네임에 내 이름이 붙은 이디스 홀든은 무엇으로 유명한 사람일까요?

① 정치가 ② 테니스 선수
③ 화가

Q10 우리 가족이 믿었던 종교는 무엇일까요?

① 이슬람교 ② 퀘이커교 ③ 힌두교

Q11 내가 어렸을 때 우리 가족과 함께 이주한 나라는 어디일까요?

① 미국 ② 독일 ③ 일본

Q12 우리 가족이 Q11의 나라로 이주한 이유는 무엇일까요?

① 어머니의 몸 상태가 악화되어서
② 아버지의 공장에 불이 나서
③ 전쟁의 영향으로

Q13 우리 아버지가 미국에서 열심히 참여했던 운동은 무엇일까요?

① 민권 운동
② 노예제 폐지 운동
③ 인종 차별 철폐 운동

Q14 내가 미국에서 만났던, 평등한 세상을 만들기 위해 활약한 사람은 누구일까요?

① 로자 파크스 ② 저넷 랭킨
③ 해리엇 스토

Q15 내가 안나 언니, 마리안 언니와 함께 설립한 시설은 무엇일까요?

① 학교 ② 진료소 ③ 시민 회관

Q16 나는 몇 살 때부터 의사가 되고 싶어 했을까요?

① 4살 ② 14살 ③ 24살

Q17 나는 원래 의사가 되려고 하지 않았어요.그 이유는 무엇일까요?

① 피를 보는 것이 싫어서
② 돈을 많이 벌 수 없을 것 같아서
③ 권투 선수가 되고 싶어서

Q18 내가 의사가 되려고 마음을 먹은 계기 중 하나는 '여자 의사가 있으면 【?】 않아도 될 텐데.'라는 말이었어요. 【?】에 무엇이 들어갈까요?

① 부끄러워하지 ② 화가 나지
③ 징그러워하지

Q19 내가 의사가 되고 싶다는 이야기를 털어놓았을 때, 스토 씨는 어떤 반응을 보였을까요?

① 강력히 찬성했다 ② 강력히 반대했다
③ 찬성하지도 반대하지도 않았다

Q20 내가 26살 때 간 '미국 의학의 수도'라고 불리는 도시는 어디일까요?

① 시애틀 ② 내슈빌
③ 필라델피아

Q21 내가 대학교 입학을 준비하고 있을 때 집에서 하숙을 시켜 주었을 뿐만 아니라, 화학을 가르쳐 준 의사는 누구일까요?

① 엘더 박사 ② 베르거 박사
③ 렉터 박사

Q22 나는 몇 군데 학교에 입학 원서를 보냈을까요?

① 8곳
② 10곳
③ 12곳

?

여기는 거부!
불허가 불허가
으~
입학 불허가?!
도대체 어떻게 된 거야?!
불허가

Q23 내 입학을 허가해 준 의대는 어디일까요?

① 유니레버 의대 ② 제니바 의대
③ 제네바 의대

Q24 Q23의 의대에서 나의 스승이었던 교수님의 이름은?

① 웹스터 교수
② 브루스터 교수
③ 콘체스터 교수

Q25 의대 재학 시절에 내가 연수하러 갔던, 어려운 사람들을 돕기 위한 시설은 어디일까요?

① 자선 병원 ② 시약원
③ 구빈원

Q26 Q25의 시설에서 당시 크게 유행했던 질병은 무엇일까요?

① 천연두 ② 발진 티푸스
③ 결핵

Q27 Q26의 질병은 어떤 환경에서 퍼지기 쉬울까요?

① 불결한 환경
② 깨끗한 환경
③ 공기가 건조한 환경

Q28 당시 Q26 질병의 '치료법'이었던 '사혈'이란 무엇을 하는 것일까요?

① 몸에서 피를 뽑아내는 것
② 다른 사람의 피를 나눠 받는 것
③ 주사로 혈액의 적혈구를 늘리는 것

Q29 내가 제네바 의과 대학을 졸업하고 '세계 최초의 여의사'가 된 것은 몇 살 때일까요?

① 18살 ② 23살 ③ 28살

Q30 의대를 졸업한 다음에 내가 공부하기 위해 선택한 도시는 어디일까요?

① 프랑크푸르트 ② 파리
③ 피렌체

Q31 나는 Q30의 도시에 어떤 의사가 되기 위해서 갔을까요?

① 내과 의사 ② 외과 의사
③ 산부인과 의사

Q32 내가 Q25의 시설에서 작성한 보고서에 포함된, 당시에는 아직 일반적이지 않았던 개념은 무엇일까요?

① 예방 의학 ② 법의학 ③ 수혈 의학

Q33 내가 조산사 수습생으로 일했던 산부인과 병원의 이름은 무엇일까요?

① 유겐트슈틸 병원
② 라 마테르니테 병원
③ 카레기 병원

Q34 나와 마찬가지로 의사의 길을 걸었던 여동생의 이름은 무엇일까요?

① 에이린 ② 에이미 ③ 에밀리

Q35 내가 Q33의 산부인과 병원에서 만난 젊은 수련의는 누구일까요?

① 바로 선생님 ② 빌로우 선생님
③ 블로 선생님

Q36 Q35의 선생님은 병원에서 무엇을 담당하고 있었을까요?

① 인공 투석 ② 백신 접종
③ 건강 진단

Q37 내가 외과 의사를 포기하게 된 원인은 무엇일까요?

① 한쪽 눈을 실명했다
② 한쪽 팔의 인대를 끊었다
③ 한쪽 다리를 절단했다

Q38 Q37의 일이 일어난 계기는 무엇일까요?

① 아기의 안염이 옮았다
② 쇠구슬이 팔을 직격했다
③ 교통사고를 당했다

Q39 산부인과 병원을 떠날 때, 내가 Q35의 선생님께 마음을 담아 선물한 것은 무엇일까요?

① 메스 ② 램프 ③ 손수건

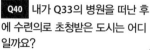

Q40 내가 Q33의 병원을 떠난 후에 수련의로 초청받은 도시는 어디일까요?

① 런던 ② 베를린 ③ 로마

Q41 Q40의 도시에서 만났고, 이후에 백의의 천사라고 불리는 여자는 누구일까요?

① 테레사 수녀
② 플로렌스 나이팅게일
③ 레이첼 카슨

Q42 내가 입양해서 가족으로 삼아 함께 지낸, 소녀의 이름은 무엇일까요?

① 캐시 배리
② 화이트 배리
③ 키티 배리

Q43 1857년에 내가 '여성과 아이들을 위한 자선 병원'을 열었던 도시는 어디일까요?

① 필라델피아 ② 워싱턴D.C.
③ 뉴욕

Q44 나와 함께 이 병원에서 일한 독일 출신의 여자 의사는 누구일까요?

① 마리 자크르제브스카
② 마리 부흐발트
③ 마리 쿠르프니코비치

Q45 1861년에 일어나 미국을 요동치게 했던 전쟁은 무엇일까요?

① 걸프 전쟁 ② 남북 전쟁
③ 미국-스페인 전쟁

Q46 내가 Q45 시기에 설립한 조직은 무엇일까요?

① WMCA ② WCAR
③ WARA

Q47 내가 Q45 시기에 양성해 전쟁터로 보낸 간호사의 수는 약 몇 명일까요?

① 70명 ② 80명 ③ 90명

Q48 남북 전쟁에서의 공적을 인정받아 내가 알현하게 된 대통령은 누구일까요?

① 워싱턴 ② 링컨 ③ 애덤스

Q49 내가 48살 때 조국인 영국으로 돌아간 이유는 무엇일까요?

① 영국에도 여자 의대를 만들기 위해
② 친정을 돕기 위해
③ 여유로운 여생을 보내기 위해

Q50 나는 영국의 의대에서 어떤 학문을 담당해 강의했을까요?

① 위생학 ② 세균학 ③ 신경학

Q51 내가 노후 생활을 보냈던, 런던 교외에 있는 마을의 이름은 무엇일까요?

① 헤이스팅스 ② 왓슨 ③ 마플

Q52 1895년에 내가 저술한 자서전의 제목인 '여성에게 의료계로의 길을 연【?】적 노력'의【?】에 들어가는 말은 무엇일까요?

① 선구자 ② 발기인 ③ 주동자

Q53 다음 중, 내가 평생 동안 단 한 번도 해보지 않은 것은 무엇일까요?

① 결혼 ② 이직 ③ 진학

?

Q54 [주관식 문제] 최근 우리가 입수한 지식 중 하나예요. 유럽의 발트 3국(에스토니아 · 라트비아 · 리투아니아)이 전 세계에서 여자 의사의 비율이 높은 이유는 무엇일까요?

Q55 마지막으로 세계뿐만 아니라 일본에 대해서도 알아 두자면, 근대 일본에서 최초로 여의사가 된 사람은 누구일까요?

① 요시오카 야요이 ② 타카하시 미즈코
③ 오기노 긴코

정답

A1 ②	A2 ①	A3 ②	A4 ①	A5 ③	A6 ③	A7 ①	A8 ①	A9 ③	A10 ②	A11 ①	A12 ②	A13 ②	A14 ③
A15 ①	A16 ③	A17 ①	A18 ①	A19 ②	A20 ③	A21 ①	A22 ③	A23 ③	A24 ①	A25 ①	A26 ②	A27 ①	A28 ①
A29 ③	A30 ②	A31 ②	A32 ①	A33 ②	A34 ③	A35 ③	A36 ②	A37 ①	A38 ①	A39 ②	A40 ①	A41 ②	A42 ③
A43 ③	A44 ①	A45 ②	A46 ②	A47 ③	A48 ②	A49 ①	A50 ①	A51 ①	A52 ①	A53 ①	A54 –	A55 ③	

A54 발트3국에서는 의사의 월급이 낮고 남성들에게 인기가 없기 때문.

엘리자베스 블랙웰 연표

연대	나이	주요 사건
1821	0살	2월 3일 영국 브리스틀에서 태어남
1832	11살	가족 모두가 미국 뉴욕으로 이주함
1835	14살	뉴저지주로 이사하고 학교에 다니기 시작함
1838	17살	아버지 사무엘이 사망함. 누나와 함께 학교를 개설함
1847	26살	의사가 되기 위해 펜실베이니아주 필라델피아로 건너감 뉴욕주 제네바 의과대학에 입학해 스승 웹스터 교수와 만남
1848	27살	방학 동안 블록클리 자선병원에서 일함
1849	28살	제네바 의과대학에서 의학 학위를 취득해 세계 최초의 여의사가 됨 프랑스 파리의 라 마테르니테 병원에서 조산사 수습생이 됨 안염에 걸린 아이를 치료하다 감염되어 왼쪽 눈을 실명함
1850	29살	런던에 있는 세인트 바르톨로뮤 병원의 초청을 받아 수련의가 됨
1851	30살	플로렌스 나이팅게일과 만나 예방 의학을 연구하게 됨 뉴욕에 가서 진료소를 오픈함
1854	33살	이 무렵 키티 배리를 양녀로 입양함 의학을 배우고 싶다며 마리 자크르제브스카가 찾아옴

제네바 의과대학은 엘리자베스에게 입학 ▶
허가를 내줬음에도 불구하고, 처음에는
차갑게 대했어

엘리자베스는 차별에도 굴하지 않고 의사가 되었어. 여자 의대 설립에도 힘을 쏟은 그녀는 여의사가 활약할 수 있는 세계적인 토대를 마련했지.

연대	나이	주요 사건
1857	36살	에밀리, 마리와 함께 셋이서 '뉴욕 여성과 아이들을 위한 자선 병원'을 개원함
1861	40살	남북 전쟁이 시작됨 엘리자베스는 남군과 북군의 구분 없이 많은 병사를 구함
1864	43살	백악관에서 링컨 대통령을 알현함
1868	47살	'뉴욕 병원 부속 여자 의과대학'을 설립해 예방 의학 강좌를 담당함
1869	48살	여성이 의학을 공부할 수 있는 학교를 만들기 위해 영국으로 이주함
1874	53살	영국 최초의 여성 의과대학인 '런던 여자 의대' 설립에 참여해 위생학을 가르침
1879	58살	키티와 함께 런던 교외 헤이스팅스로 이사를 감
1895	74살	자서전 『여성에게 의료계로의 길을 연 선구자적 노력』을 출판함
1910	89살	5월 31일 헤이스팅스에서 사망함

눈도 아프고.
몸이 뜨거워.
헉
헉
추워…

▲ 생명은 건졌지만 실명하게 되어서 오
의사의 꿈은 접게 되었지

선생님 ?!
끼익
그토록 안 된다고 했는데…
어쩔 수 없잖아. 가만히 있는 게 더 힘들단 말이야.
성큼 성큼

◀ 키티는 몸이 아프지만 활동을 멈추지 않는 엘리자베스를 걱정하면서도, 누구보다 응원했어

주요 참고 도서 및 자료

【서적】

- NTT 出版 , 『アメリカを揺り動かしたレディたち』
- 公益社団法人日本女医会 , 『世界最初の女性医師 エリザベス・ブラックウェルの一生』
- 清水書院 , 『ナイチンゲール』
- 東京書房社 , 『西洋醫療器具文化史 上・下』

【WEB】

北多摩薬剤師会、ハーバード大学シュレジンガー図書館、EPILOGI

이 책을 만든 사람들

- 감수: 오타니 도모코(OHTANI Tomoko)
- 표지 그림: 시이나 유(SHIINA You)
- 본문 그림: 우메야시키 미타(UMEYASHIKI Mita)
- 시나리오: 야마무로 유키코(YAMAMURO Yukiko)
- 네임: 스와 미도리(SUWA Midori)
- 북 디자인: 무시카고 그래픽스(musicagographics)
- 퀴즈 제작: 사가라 마사키(SAGARA Masaki)
- 일러스트: 혼마 요헤이(HONMA Youhei)
- 교열: 쿠보 미스즈(KUBO Misuzu), 도이타 쓰토무(DOITA Tsutomu), 퍼솔 미디어 스위치 미디어 기획부 교열 그룹(PERSOL MEDIA SWITCH CO., LTD.), 바루 기획(Barukikaku Co.,Ltd.)
- 편집 협력: 가네다 이치코(KANEDA Ichiko), 바루 기획(Barukikaku Co.,Ltd.)

차별적 표현에 대하여

『세계 인물전』 시리즈에는 현대를 살아가는 우리가 입에 담아서는 안 될 차별적 표현을 사용한 부분이 있습니다. 역사적 배경이나 시대적 관점을 보다 정확하게 전달하기 위해, 불편함을 무릅쓰고 꼭 필요한 최소한의 용어만 사용했습니다. 본 편집부에게 차별을 조장하려는 의도가 없다는 점을 알아주시길 부탁드립니다.

– 원출판사의 말

하루 한 권 학습만화 9

세계인물전

엘리자베스 블랙웰

편견에 맞서 새로운 길을 개척한, 세계 최초의 여의사

초판인쇄 2023년 04월 28일
초판발행 2023년 04월 28일

감수 오타니 도모코
표지 그림 시이나 유
본문 그림 우메야시키 미타
옮긴이 일본콘텐츠전문번역팀
발행인 채종준

출판총괄 박능원
국제업무 채보라
책임번역 가와바타 유스케
책임편집 정재원
디자인 홍은표
마케팅 문선영 · 전예리
전자책 정담자리

브랜드 드루주니어
주소 경기도 파주시 회동길 230 (문발동)
투고문의 ksibook13@kstudy.com

발행처 한국학술정보(주)
출판신고 2003년 9월 25일 제406-2003-000012호
인쇄 북토리

ISBN 979-11-6983-234-2 14990
979-11-6801-767-2 (세트)

드루주니어는 한국학술정보(주)의 지식 · 교양도서 출판 브랜드입니다.
세상의 모든 지식을 두루두루 모아 어린이와 청소년에게 내보인다는 뜻을 담았습니다.
우리 아이들이 지적인 호기심을 해결하고 생각에 깊이를 더할 수 있도록,
보다 가치 있는 책을 만들고자 합니다.